善变者胜
企业体检与变革逻辑

张青春 著

电子工业出版社
Publishing House of Electronics Industry
北京·**BEIJING**

未经许可，不得以任何方式复制或抄袭本书之部分或全部内容。

版权所有，侵权必究。

图书在版编目（CIP）数据

善变者胜 ：企业体检与变革逻辑 / 张青春著.

北京 ：电子工业出版社，2024. 9. -- ISBN 978-7-121
-48529-9

Ⅰ. F279.21

中国国家版本馆CIP数据核字第2024JP9831号

责任编辑：缪晓红

印　　刷：北京建宏印刷有限公司

装　　订：北京建宏印刷有限公司

出版发行：电子工业出版社

　　　　　北京市海淀区万寿路173信箱　　邮编：100036

开　　本：710×1000　1/16　印张：13　　字数：198千字

版　　次：2024年9月第1版

印　　次：2025年6月第2次印刷

定　　价：85.00元

凡所购买电子工业出版社图书有缺损问题，请向购买书店调换。若书店售缺，请与本
社发行部联系，联系及邮购电话：（010）88254888，88258888。

质量投诉请发邮件至zlts@phei.com.cn，盗版侵权举报请发邮件至dbqq@phei.com.cn。

本书咨询联系方式：（010）88254760，mxh@phei.com.cn。

前言

PREFACE

>>>>>>>>>>>>

面对全新的环境，组织的脆弱，超出我们的想象；不变者"死"，乱变者"亡"，善变者胜。

5年前，清华大学经济管理学院和阿里巴巴集团联手打造了一个总裁班项目——新商业学堂，我有幸成为阿里巴巴一方的项目工作人员。"新商业学堂"汇聚了一批优秀的民营企业家，跟企业家们的近距离接触让我产生了从一号位视角研究组织管理的浓厚兴趣。

我曾经有幸在3家优秀的企业中就职，分别是IBM、华为和阿里巴巴，这三家企业的风格迥异，但都是优秀市场化企业的代表，在融入和贡献力量的同时也给我留下了深刻的思想印记。作为外企的代表，IBM不再像"智慧的地球"那个时代一样那么引人注目，但作为一家"百年老店"，它依然基业长青。作为市场化民企的标杆，华为在多次危机中越挫越勇，通过不断地管理变革，成长为中国的明星企业。作为互联网企业的代表，阿里巴巴曾经创造了多个商业奇迹，也给中国的组织管理提出过全新的思考，目前正在进行"不追求大，不追求强，我们追求成为一家活102年的好公司"的深刻转型。主动求变始终是组织生存发展的主线。

我研究组织的第一个原因，是这个时代对所有的企业提出了全新的挑战。逆全球化增长红利的消退及AI技术的崛起，使企业对于全新的环境缺乏适应能力。整个商业世界已经进入了一个"无界时代"，虚实的边界被打破，企业的围墙被打破，产业和市场的边界被打破。管理到底要管什么、不管什么？这是全新的考题。组织管理不仅要追求业务发展，还要建立一个自我进化的系统，不仅要对内学会"踩油门"和"刹车"的配合，对外也要与时俱进、适应环境。新时代组织如何变革、重建生命力，是当下和未来值得研究的课题。

我研究组织的第二个原因，是希望找到组织管理的底层逻辑。我在企业内部做过多年研究，深知管理的复杂性，因此对"管理就是管人""管理就是流程化""做管理就是发好钱"这样的说法不太认同。这些观点过于偷换概念，以偏概全，并不适用于所有企业。

除了 IBM、华为和阿里巴巴，我也在大学当过两年老师。大学、IBM、华为和阿里巴巴是 4 个截然不同的组织，拥有天差地别的个性和特点。20年前我在香港科技大学商学院读 MBA，也在密歇根大学做过交换生。西方商学院的求学经历使得我在 IBM 工作时感觉非常不错，就好像把商学院的管理逻辑完整地搬到了企业中，给人一种"管理就应该这样"的感觉。从IBM 到了华为以后，我发现，虽然在管理的系统化和体系化方面，IBM 是华为的老师，但华为有自己独特的性格和气质。在华为，IBM 那套相对稳定的基于专业分工的团队作业体系被打破，取而代之的是大开大合的组织调整和本土特色的"长官负责制"，我之前对管理的认知被冲击得得粉碎。到了阿里巴巴之后，尽管我在心理上已经在华为经受了考验，但对组织和管理的认知再次得到刷新。在阿里巴巴，汇报线和工作的调整是常态。我平均一年多就要带着新团队做一件全新的业务。"互联网思维"从形式到内容，都对管理这件事情进行了全新的解读。在一片"乱七八糟的生机勃勃"之中，阿里巴巴在短短 20 多年里取得很多成就，它的管理模式有独到之处。

总之，这些组织截然不同，但管理都很成功。从线性思维出发，每个组织都可以总结出无数个组织管理的成功经验，而且几乎无法穷尽，这是很多管理研究者在做的事情。如果想要看懂不同组织的独到之处，同时拥有对组织管理进行顶层设计的能力，就需要找到组织管理的底层逻辑。这是个难而有意义的研究。

我研究组织的第三个原因，是认为中国企业的管理理念和管理逻辑到了必须重写的阶段，组织变革将成为常态。60 后、70 后和 80 后生活在物质快速增长的时代，国际化、城镇化、互联网化等时代大运带来了巨大的红利，让所有企业不断地追求效率，主旋律是"深圳速度""快鱼吃慢鱼""发展才是硬道理"。那个时代管理者的重点是"把事做成"。随着粗放式增长的风口逐渐消停，高质量发展需要高质量的组织管理能力。企业需要学会该快的时候快，该慢的时候慢。同时随着 90 后、00 后进入职场，组织管理也需要适应新人的特点和需求。未来，员工对工作的自主性、自由度和生活的质量要求更高，期待通过工作得到更多的满足。也就是说，他们除了追求"事成"，也希望"人爽"。因此，未来的管理需要找到个体和组织的平衡点，找到"事成人爽"的解决方案。

关于"组织管理的底层逻辑"这个课题，作为一个研究者，我想找到一个适用于所有企业的统一标尺，可以全面显示不同组织的管理特点。经过大量研究，我把这个标尺确定为"组织动力"。首先，组织动力适用于任何组织。不同的发展阶段、不同的行业、不同的管理文化，最终体现的都是某种整体的动力。其次，组织动力是组织管理方方面面的综合体现，来自员工，也来自管理者；来自当下的激励，也来自使命和愿景的召唤；来自个体，也来自团队合作和组织氛围。成功的组织必然有一些共性，而失败的组织也必然有一些相似的征兆。

这个课题的复杂程度超出了我的想象。整个研究历时 3 年多，也经历了 3 个阶段。

第一个阶段，重点是研究组织中的个人——员工和管理者。

2021 年，在锐仕方达人才科技集团有限公司董事长黄小平先生的支持下，我做了一个以"Why Do We Work"（我们为何工作）命名的问卷调查项目，同步进行了猎头的调研，共有超过 2200 名企业员工参与。然而，在我对员工进行深入研究的过程中，也出现了不少疑问。尽管员工的参与度很高，但我意识到推动组织变革的动力同样来自管理层。因此，我开始更多地关注管理者的视角，并利用我的工作机会进行了大量管理者访谈。

第二个阶段，重点是把组织作为一个整体进行研究——管理理论和组织系统。

研究持续了一年后，开始出现更大的挑战。这时候我已经意识到每个组织都是一个有机体，不仅包括员工、管理者等人的因素，也有很多其他的因素，包括氛围、共同的愿景、信息共享等。在这一阶段，我开始关注东西方成熟的管理理论，并尝试将组织作为一个整体从系统角度进行研究。在这一过程中，我试图融合多种历史智慧，并发现了组织管理中的一些普遍规律。同时，员工和管理者的视角也开始聚合，组织系统的全貌逐渐展现。也就是在这一阶段，我研究出了组织的10个动力元素。这些动力元素通过不同的组合方式，就形成了不同的组织动力模式：侠客模式、乐队模式、混合模式，以及在此之上的冠军组织。

第三个阶段，重点是利用大样本完成对理论体系的验证。

这时我开始研发组织动力测评的工具，希望通过真实的样本，来验证此前的研究结果。值得庆幸的是，通过100多家企业给出的真实数据，我不仅验证了此前的理论体系，而且积累了大量的真实案例。组织动力测评能够全面地反映组织管理的底层逻辑和特点，这像一次全面的组织"体检"，让企业管理者有一个看懂自己组织的"透视镜"，进而提升组织设计，改进管理实践。

过去3年，我还有很多有趣的发现。一是，企业中很多管理制度是左右手互搏的，就好像一个人有多种人格一样，企业被各种"内耗"所困，完全是自己折腾自己。二是，如果看透本质，管理本可以更加简单，有一些企业看似"没有管理"，但组织动力十足。三是，管理者在很多组织中并没有起到带头作用，反而在拖组织的后腿。

我们从组织整体、管理者、员工 3 个层面，做了 3 个组织测评的工具：组织动力测评、管理者 360 度评估和矛盾领导力测评、员工满意度测评。3 个测评报告放在一起，就能快速看清企业的管理特点，以及组织变革和管理改进的方向。

很多机构和个人对这本书的完成有启发和帮助。首先，我要感谢我的老东家 IBM、华为和阿里巴巴，给了我站在制高点由内而外观察组织的机会，尤其要感谢后两者，极大地拓宽了我这个商学院科班生对组织和管理的认知边界。IBM 从各方面来看都是商学院理论的完美实践，而华为和阿里巴巴则在不同方向上体现了中国特色。其次，我要感谢清华大学经济管理学院的老师们、"新商业学堂"的企业家们。我是"新商业学堂"的工作人员，也是从该项目获益最大的人，这段经历完全重塑了我此前所学。最后，我要感谢我的被访者和共创者，以及我的客户们，一切要归功于大家的支持。

这是一个多变的时代。环境在变、客户在变、业务在变，组织必须善变。过去 20 年，我个人也在不断地调整，才得以在不同的组织中生存并发展。过程很痛苦，但也获得了很多关于组织和管理的一手体验。而今，你我又要一起应对来自 AI 时代的挑战。善变者胜，无论对于组织还是个人，都是如此。

目 录
CONTENTS
>>>>>>>>>>>>>

第一章　企业管理已经到了必须重启的阶段

第二章　动力魔方：组织中最重要的 10 个动力元素

第三章 侠客模式：激发员工积极性，创造自由度高的团队环境

第四章 乐队模式：放大"狼群"价值，寻求合作共赢

第五章　混合模式：寻求员工、组织、职场氛围等方面的均衡发展

第八章　重启组织动力之路——总体解决方案

第九章 对未来组织的设想

第一章
企业管理已经到了必须重启的阶段

过去 4 年，从恒大爆雷到阿里巴巴的一系列热点事件，再到宗庆后先生去世引发农夫山泉被网友"踩踏"等，这些事件在网络上不断发酵放大，成为全民参与的"狂欢"事件，不断冲击着企业家和管理学家的认知。事实证明，任何企业都不可能成为一个封闭的系统，组织管理的边界早就超出了组织本身。对于企业内部的问题，如果管理不当，就会与外部产生共振。企业外部的一举一动，也会直接影响企业的生存和发展。

为什么很多问题一再发生，并最终演化为巨大的破坏力？把原因简单地归结为是由外部环境造成的是不负责任的表现。真正的问题都有从产生、发酵、爆发到结束的过程，组织为什么没能及时纠错？一个庞大且拥有大量人才和无穷智力的组织，为什么失去了预警、应对和善后的能力？可以说，这种完全为业务增长服务的管理思维，不仅无法应对突发事件，更可怕的是没有自我进化的能力。

时过境迁，盲目向西方学习的时代已经过去，中国企业开始"呼唤"中国特色的管理理念和管理哲学。层出不穷的各种热点事件表明，现在这个问题已经到了必须解决的地步。

个人预计未来10年中国本土的管理理念将会走向体系化，以前成功的企业管理模式将成为历史，并且将会产生全新的模式。

第一，中国现代企业管理的历史不长，但过去40年积累了足够的经验和教训。在中国历史中，管理理念以儒家和法家为主导，最大的应用场景在于对国家和社会的管理。即使在商业管理领域，如著名的晋商及其他商号，采用的也是以传统儒法文化为主的管理机制，"义利"结合、奖惩结合。从新中国成立到改革开放前，中国出现了大量国有企业，但企业的管理方式依然是行政管理方式的延伸。那时候企业负责人大多是行政干部，员工大多是"吃铁饭碗"的人。改革开放后，民营企业兴起，尤其是自2001年之后，中国加入WTO（世界贸易组织），快速和西方接轨，企业也加快了学习西方管理理念的速度。而今，中国企业已经普遍具备了体系化的管理能力。

第二，中国企业借鉴了西方企业的管理模式，但已逐渐步入死胡同，走出来是必然结果。过去几十年，中国企业全面借鉴了美国企业的管理模式，但优点学习不彻底，缺点却"青出于蓝而胜于蓝"。加入WTO后，中国的企业开始大规模部署管理软件和管理流程，这些软件与流程的背后是一整套源自美国的、脱胎于"科学管理"和商学院理论的管理思想。那时候我们认为美国的管理理念比我们先进，MBA教育中经典的学科和理论几乎全部出自美国（少部分出自其他国家）。从1991年开始，MBA（工商管理硕士）学历教育进入中国。2023年，全国MBA考试报考人数是474万人。经过正规MBA、EMBA（高级管理人员工商管理硕士）、总裁班教育培养出来的管理者们不断把美国模式的管理思想和标准术语带进公司。

美国的管理理念从科学管理发展而来，最后形成了一整套以标准化、流程化和劳动分工为基础的理论闭环。从我个人的观察来看，在中国企业管理当中，普遍可见"美国模式"的影子，但真正领会美国模式精髓的企业并不多。华为是中国最认真学习西方管理体系的企业，从1997年开始，华为就开始向IBM认真学习，付出了巨大代价。推动华为组织系统能力建设的人就是任正非。面对先进的组织管理系统，华为并没有自高自大，而是用"先僵化、再优化、后固化"的方式认真学习和消化。一整套完善的系统，再加上任正非赋予华为的精神气质和灵魂，让华为成为一个极具战斗力的组织。

在美国的企业管理模式中，企业和员工采用合同制，员工作为"生产资料"之一，企业可以在需要的时候招聘，不需要的时候将其解聘。在采用雇用模式和末位淘汰等考核方式方面，很多中国企业反而走到了美国企业前面，可谓中国"学生"的"青出于蓝而胜于蓝"，背后的原因值得深思。有资料显示，中国IT企业的员工平均在职时间远远低于美国。例如，美国思科公司员工的平均在职时间为7.8年，而中国排在前10位的IT公司，员工的平均在职时间普遍为2年多一点儿，最高也只有2.55年。

第三，企业将更加重视组织管理的系统性。中国企业普遍重视短期业务结果，易忽视管理的系统性，信奉"事大于人"。在过去40年，中国经济处于快速腾飞期，所有人都认为"发展才是硬道理"，因此企业管理几乎被等同于业务管理。许多企业有"首席执行官""首席发展官"等职位，但并没有"首席组织官"的职位。企业普遍缺乏战略及组织设计的能力。组织管理基本围绕业务展开，引进末位淘汰制，忽略研发创新等。只要有利于业务增长，企业就会重视；凡是跟业务没有直接关系的，企业就会往后放。这种"事大于人"的思维，导致组织管理的系统性不够，以及"短期主义"盛行。一旦大环境变得复杂，业绩增长放缓，企业就会出现大量问题。《从优秀到卓越》一书告诉我们，那些卓越的企业信奉的是"人大于事"，这一点值得我们反思。

第四，所有企业的管理能力正面临"高考"，"中国模式"必然会出现。经济增速放缓的时候，以往被发展掩盖的问题会浮出水面，组织管理会变得更加重要。未来20年，组织管理能力会经受一次真正的考验，真正有效的管理经验和管理模式将被大众看见。同时，研究者和企业家也会不断研究总结，提出自己的管理理念和管理模式。相信本书所阐述的组织动力理念，也能为"中国模式"添砖加瓦。

第一节　职场乱象：员工动力堪忧，管理走向误区

当前，我们正处在"VUCA"时代，VUCA这4个字母分别指的是Volatile（不稳定的）、Uncertain（不确定的）、Complex（复杂的）和Ambiguous（模棱两可的）。在这样的大背景下，中国5000多万家企业和约4亿工作人口构成了全世界单一国家最庞大和复杂的职场生态，员工和企业都遇到了前所未有的挑战和问题。

对员工而言，生活似乎充满了难题。高昂的房价、育儿的负担、养老的压力……人们在追求物质财富带来的满足的同时，忘记了内心深处的"自己"到底想要什么。为了避免被淘汰，每个职场人都不得不全力追赶职场日新月异的变化。不知从什么时候开始，"卷"被列为人类生存必备技能之一。"卷技能"的悄然登场，破坏了既有的社会规则与秩序，让职场人迷失其中，负面情绪越来越多，导致人人负重前行、疲于应付，像一根根被拉到极限的橡皮筋，不仅长期动力不足、能量匮乏，还很容易在某一瞬间崩溃。

对企业而言，员工变得越来越不好管理。新人开始"整顿"职场，原来有效的管理手段正在失灵。企业家一方面承担了巨大的业务压力和风险，另一方面还需要腾出手来，安抚好自己的员工。很多企业家寄希望于专业的HR（Human Resources）来帮他做好组织管理工作，但很多新的问题，所有人都没有接触过，并没有成熟的处理办法。如果不能从根本上思考清楚管理的逻辑，问题只会越来越多。

一、员工的声音：工作动力严重不足

2021 年，我们面向 2200 余位职场人士发放了"Why Do We Work"（我们为何工作）调查问卷。这场调研持续了一年，受访者以国内一、二线城市的"80 后""90 后"为主，他们从事各行各业，所在公司和职级不尽相同，但大部分是中层领导、一线员工，一定程度上可代表职场人士的视角和想法，反映的结果对当下普遍存在的职场问题具有一定的代表性。图 1.1 所示为"Why Do We Work"调研样本分布情况。

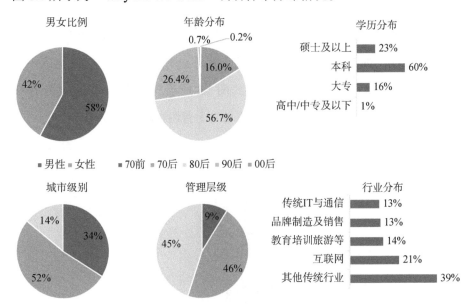

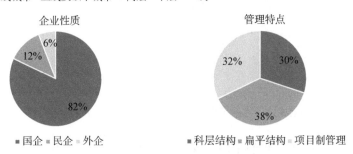

图 1.1 "Why Do We Work"调研样本分布情况

根据调查问卷得出的结论，可以看出职场人士正面临的问题主要分为以下4种：

第一，工作压力大，焦虑情绪蔓延；

第二，职业倦怠明显，只想"躺平"；

第三，失去信念感，仅仅为了金钱而工作；

第四，一言不合就离职，频繁辞职或跳槽。

（一）工作压力大，焦虑情绪蔓延

在"Why Do We Work"的调研中，我们第一个注意到的数据是，在"与3年前相比，你的工作压力/焦虑感是提高了还是降低了？"的选项中，68%的受访者认为是"提高"了，如图1.2所示。这代表职场焦虑正在从不抗压的少数群体身上的问题变成职场人士普遍存在的问题。

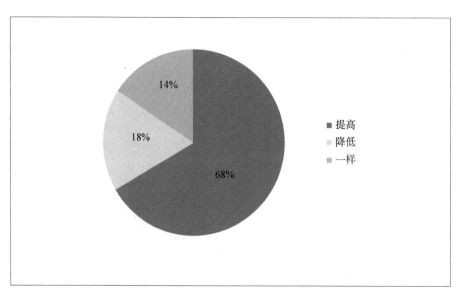

图1.2 "与3年前相比，你的工作压力/焦虑感是提高了还是降低了？"选项分布

面对这一结果，我们试图去探讨职场人士的工作压力/焦虑感主要来自哪里？调查直接给出答案，工作压力的主要来源为：业绩压力；收入不

足以支撑生活需要；太多加班，工作与生活不平衡；能力、体力跟不上；上、下级等人际关系，如图 1.3 所示。

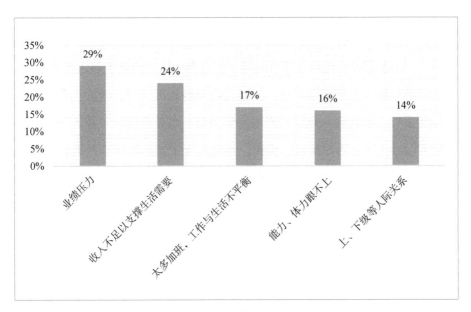

图 1.3　"你的工作压力 / 焦虑感主要来自哪里？"选项分布

首先，有近 1/3 的受访者认为自己的业绩压力太大。在选择该项的人中，有人表达过，如果达不到公司设定的业务考核标准，自己便极有可能被淘汰。这一点在高淘汰率的互联网行业更为常见。某互联网大厂的从业人员就曾表示，"公司的绩效设定，就是为了让大家产生焦虑，然后加速奔跑。普通企业的绩效，是每个人在自身能力基础上，踮踮脚就可以够得到的。在良性增长的同时，让每个人都体会到工作的成就感。而大厂的绩效设定是每个人要站在板凳上，还要跳起来才能勉强够得到的。如果完不成绩效，就会面临被淘汰的境地，这让身处其中的人无时无刻不充满焦虑"。

其次，近 1/4 的受访者认为自己收入不足以支撑生活需要。选择这一项的人群表示，因为薪酬没有达到内心的预期，或者不足以支撑生活所需，他们的工作状态也受到了影响。随着生活成本的不断提高，一些从未被加薪的企业员工表示，"看到其他公司每年定期涨薪和其他行业企业的高收入水平，我所在的企业收入低，会影响到工作的士气。"

另外，近 1/5 的职场人士则表示加班太多，经常延长工作时间，心情不好。"996""007"等说法似乎也说明了这个问题的普遍性。有受访者表示，"大家都经历过到了下班时间，但总有人为了积极表现选择晚点走，恶性循环导致大家都不敢早走。无效内卷导致加班成风，其实很多人加班就是玩手机、看视频，也没有产生实际效益，都是做给领导看的"。也有受访者表示，"不断地拉通、协同，导致白天工作的时间都在进行大量无效沟通中，晚上又要被动加大工作量，延长工作时间，长期休息不好，心情也不好"。

最后，"能力、体力跟不上"和过于复杂的"上、下级关系"也是职场压力的重要来源，分别指向自身技能和外部环境——两个发挥效能最关键的因素。为了应对数字经济的快速变化，职场人必须将知识重新聚合，构建新的知识技能体系。知识付费浪潮应势而起，也造成了广泛存在的"知识焦虑症"。有受访者说，"职场人都会面临人际关系的问题，成熟看待既可，但扭曲事实的情况时有发生，很难让人平静，能力最强、贡献最大的同事被打低绩效，而跟领导关系最好、能力最差的同事反而可以升职加薪"。

通常，企业有一定的压力是正常现象，也是商业竞争的结果。有研究表明，压力会使脑垂体释放催产素（Oxytocin），有利于人的身体健康，不仅可以保护心血管功能不受伤害，还能激发人们主动社交，使人们拥有更好的学习能力。20 世纪 70 年代，工作压力被证实可以正面影响员工的工作绩效，也因此被引入商业企业绩效激励机制。

不少职场人士认同适当的压力是企业发展的动力。人为增加的压力，也就是压力过载才是造成困扰的真正因素。压力并非越多越好，适当的压力是推动个体和团体进步的动力，过载的压力会伤害个体的身心，进而影响行为,从而造成高缺勤率、离职、意外事故等后果。纪录片《压力杀人真相》揭示了过载压力的危害——轻度压力过载容易引起感冒、出疹、胃炎、胃溃疡、糖尿病和抑郁症等;重度压力过载会影响心脏健康,导致血压升高,继而血管破裂导致死亡。

职场中的压力过载一般分为两种情况。第一种是为了驱动员工而采取的业绩排名、末位淘汰等制度。这种制度淘汰的不是不能胜任的人,而是将员工置于一个全力奔跑的环境,淘汰掉奔跑不够快的人。员工并非主动、自愿参与的,而是被逼无奈的。身体和精神双重高度紧张的员工,最后皆因不堪重负而倒下,再被企业抛弃,如坏掉的零件。第二种来自团队管理者,他们无视员工的需求,喜欢过度掌控,刻意制造紧张氛围和压力,如习惯性地压缩项目周期;周五下班最后一刻想到新的想法并要求员工利用周末时间工作,在周一之前提交;夜里交代工作,第二天一早马上要求汇报。近几年我们看到的员工猝死事件,是否与职场压力过载有密不可分的关系,是值得探讨的。

(二)职业倦怠明显,只想"躺平"

职业倦怠(Job Burnout)一词,最早由美国心理学家费登伯格(Freudenberger)在20世纪70年代提出。他在研究中发现,人们在工作中长期积累的负面情绪会导致工作的热情消退,进而对工作中的人际交往变得消极。职业倦怠分为3种类型,分别是情感衰竭、去人性化和低个人成就感,其最终指向都是不可逆的负面行为和态度,包括缺乏动力、缺乏工作乐趣和缺乏完成工作的信心等。

一般情况下,压力和焦虑作用于身体,而倦怠则影响内心。压力、焦虑与倦怠是否有关系,对身心共同产生作用呢?有意思的是,"Why Do We Work"报告中的一项数据引起了我们的关注。在最近3年认为自身工作压力/焦虑感提高的员工中,有很大比例的人对自己的职业也产生了倦怠感。这或许表明，压力过大是导致职业怠倦的不良征兆之一。

目前，职业倦怠正在席卷全球职场。2021 年，美国招聘网站 Indeed 曾就职业倦怠进行过一次调查，结果显示，超过一半的受访者正历经倦怠，并且倦怠感相较前一年大幅提高，更有 80% 的受访者表示，"倦怠大流行"对他们造成了负面影响。在全球人力资源公司罗致恒富（Robert Half International）的另一项调查中，70% 的受访者周末需要上班，45% 的受访者认为工作量比新冠疫情前有所提高。

职业倦怠也席卷了中国职场。在"Why Do We Work"的调研中，有 64% 的受访者在过去一年经历过职业倦怠期，如图 1.4 所示。

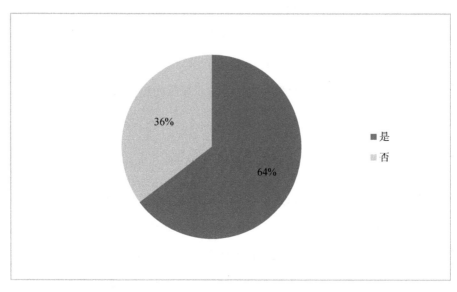

图 1.4　"过去一年内，你是否经历过职业倦怠？"选项分布

到底是哪些问题导致了职业倦怠呢？

研究发现，大部分原因是工作氛围压抑、工作压力大。一位来自医药行业的受访者表示，自己的工作动力来自使命感、身边人的正面评价和幸福的反馈，以及自我成就感，但每天工作超过 12 小时、周围充斥着负面评价、不知道为什么在忙等原因，让他对工作逐渐丧失了兴趣。

还有一部分受访者表示，公司没有合理的上升通道，领导能力不够、无法有效地管理；公司的中层干部都有股份，为了保住位置和利益，拼命压制底层员工；公司老板比自己年龄小，仅一个部门就有 4 个负责人，其中还有老板的亲戚，多头管理让人感到"很焦虑、很混乱"……此外，有的公司薪酬待遇不高、没有上升通道、工作职责不清、自由度不够等，这些因素让众多受访者直呼想"躺平"。

工作内容的重复性也与职业倦怠息息相关。有近 70% 的受访者表示，在接手一项新工作的两年内，自己便会失去工作热情，新环境和新任务带来的新鲜感快速消退后，取而代之的是动力和心力的不足，只能靠"硬撑"，如图 1.5 所示。

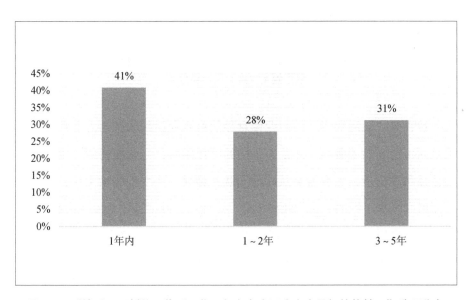

图 1.5　"接手一项新的工作后，你一般多久会逐步失去最初的热情？"选项分布

我们发现，职业倦怠与员工所从事行业和职业的稳定性有一定的关系。越是可以干一辈子的工作，工作的稳定性越高，职业倦怠感越弱，而"35岁退休"的行业与职业，因更多地消耗心力，使得员工的职场倦怠感更强（见图 1.6）。

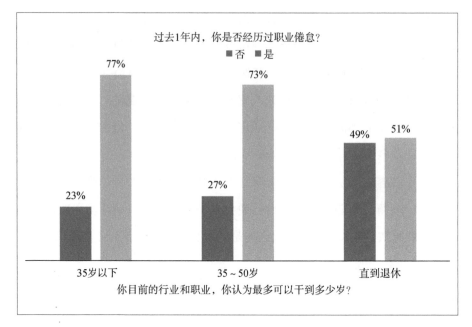

图 1.6 "过去 1 年内，你是否经历过职业倦怠？你目前的行业和职业，你认为最多可以干到多少岁？"选项分布

被誉为"职场病毒"的职业倦怠显然对企业组织的杀伤力非常大。无论是同事之间的午餐会，还是茶水间的工作闲聊，当负面情绪开始在员工间传播和蔓延后，大家就会从吐槽团队、领导，演变到吐槽工作、制度，进而形成吐槽组织的全民"吐槽大会"。然而，吐槽并不会真正缓解倦怠，只会让倦怠的情绪相互影响，成为组织内部的"情绪毒药"。也正因如此，需要对员工的职业倦怠采取足够重视的态度，塑造积极向上的组织文化，让职场氛围重回正轨。

（三）失去信念感，仅仅为了金钱而工作

社会的现代化进程往往伴随着一定的传统根基的瓦解。德国社会学家马克斯·韦伯（Max Weber）曾经提出"世俗化"的概念，他认为随着世俗化的发展，人们对财富的追求越来越目的化，其中一部分人就是"劳动

世俗化"，即不再为某种信仰而工作，而是纯粹为钱工作。

随着资本市场的发展，我国也出现了"劳动世俗化"的现象。一些资本雄厚的头部企业为了招揽人才，以高薪、高福利为宣传点，推出"百万年薪计划"等校招项目，或者通过适当的营销手段，打造职场类微综艺。但是换一个角度看，对金钱趋之若鹜的可能是曾任北大教授的钱理群所说的"精致的利己主义者"，也可能只是试图满足最基本的马斯洛需求的普通人。

"为金钱而工作"具有很大的群众基础。我们的研究发现，如果不工作的话，有43%的受访者的存款根本支撑不到一年，还有32%的受访者的存款只能支撑一年到三年（见图1.7）。事实表明，尽管"北上广"的人均薪酬已经达到较高水平，普通白领和上班族的储蓄情况还是不容乐观。这种严峻的情况让我们相信，"为金钱而工作"是职场人工作最重要的动力之一。

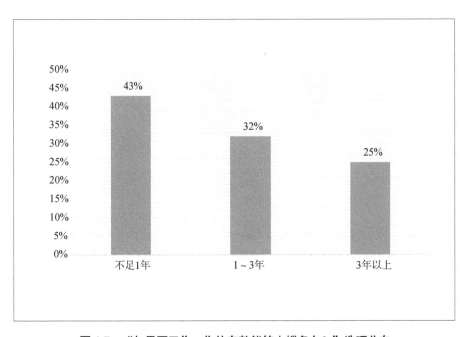

图 1.7　"如果不工作，你的存款能够支撑多久？"选项分布

如图 1.8 所示，我们做了一个有趣的调研——"在钱给够的情况下是否接受 996 工作制？"其中 41% 的受访者表示愿意接受，即早九点上班、晚九点下班、每周工作六天的高强度工作。2021 年 8 月，某著名大厂宣布取消从 2012 年开始实施的"大小周"的工作传统，从此，其员工将拥有法定的双休日。但为"减压"叫好的大多是外界人士，据我们所知，很多内部员工因损失了加班费而感到遗憾和不满。据报道，该公司大小周的加班费是两天薪酬，如果当时日薪是 1000 元，那么一个月多上两天班就可以多拿 4000 元。

在愿意接受"996 工作制"的受访者中，有 50% 的人存款只够支撑自己生活一年。这大概说明卖力工作也是他们的无奈之举。然而，拒不接受"996 工作制"的受访者中，也有 44% 的人表示存款只够支撑自己生活一年。这些人或许有来自家庭的支持，也或许代表着年轻人不再过于追求工作和赚钱的价值观。

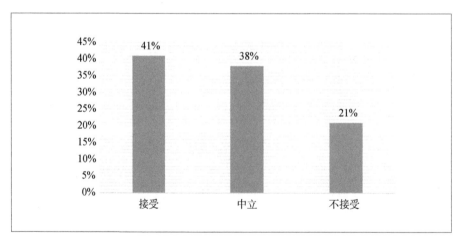

图 1.8 "在钱给够的情况下是否接受 996 工作制？"选项分布

我们可以得到两个结论：一方面，职场人为钱工作依然是普遍现象。薪酬待遇依然是企业行之有效的员工激励方式，"重赏之下必有勇夫"，只要给够钱，不少人是可以接受"996 工作制"的；另一方面，不管个人积蓄是否足够支撑生活所需，不接受"996 工作制"的人也不少，这就意味着除了薪酬待遇，企业要有其他更多元的激励方式，才能更好地驱动不同类型的员工。

（四）一言不合就离职，频繁辞职或跳槽

我有一位企业家朋友，其公司来了一个年轻人，入职 3 个月后提出了辞职。朋友问他为什么辞职，他说："我觉得我不适合工作。"朋友问他适合做什么，他说："我适合躺平。"跟以前人们离职还要想一堆理由不同，现在一些年轻人提出辞职已经到了无须理由的"境界"。

2020 年，美国人力资源咨询公司 DDI（Development Dimensions International）给出了一份覆盖全球 24 个行业、1740 个组织，调研对象包括 15000 位商界管理者和 2102 名人力资源主管的研究报告。该报告中有60% 的受访者每天下班都有身体被掏空的感觉，44% 的受访者已经有跳槽的想法，26% 的受访者希望在次年离职。

在"Why Do We Work"的所有调研对象中，也有 22% 的人正在考虑跳槽或辞职，30% 的人表示如果遇到好的机会便会考虑跳槽或辞职。这表明，我们调研的对象中近一半的职场人已经"心猿意马"，失去了对公司的支持和信任，随时有可能离开（见图 1.9）。

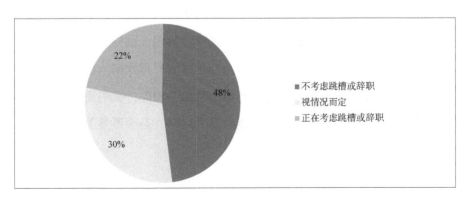

图 1.9　"近期是否考虑跳槽或辞职？"选项分布

频繁跳槽或者辞职的行为，或许与当下企业梯队年轻化趋势有关。2018 年，领英公司给出的《第一份工作趋势洞察》报告表明，职员的年纪越小，在第一份工作岗位上坚持的时间越短。相比平均只在一家公司工作 7 个月的 95 后，90～95 后能够在同岗位上工作约一年半，80 后作为中坚群体，基本可以保证在一家公司待满 3 年以上，70 后的工作状态更为稳定，他们可以保持 4 年不换工作。

员工跳槽或辞职是多种原因相互作用的结果。在研究中，我们发现比较突出的原因包括待遇太差、工作本身没有意义、个人能力得不到发挥、缺乏学习和发展的机会、工作缺乏趣味和挑战、职场氛围差（与老板和同事的关系紧张）、工作缺乏自主权和自由度、领导对工作不认可等。如果是多种因素同时叠加，员工跳槽或辞职便由念头转变为了"用脚投票"的行动。

对以上研究结果进行归类，我们不难总结出员工跳槽或辞职的 4 个主要原因。

第一，工作没有前景。认为工作没有意义，缺乏学习和发展的机会。

第二，个人没有发挥的空间。认为工作缺乏趣味性和挑战，个人能力没有得到发挥、缺乏自主权和自由度。

第三，得失不平衡。认为工作压力大、工作待遇差、生活受影响。

第四，职场氛围差。认为老板不认可、同事关系紧张、不喜欢企业文化。

在职场的大环境下，辞职并不能彻底解决问题，跳槽也许会有更好的待遇，遇见全新的环境，却也无法避免一段时间后再次陷入压力与焦虑，再次遭遇职业倦怠，从而再度产生辞职的想法。由此，我们需要再度思索仅靠提倡个人层面的积极向上、正能量是否足够，是否还要关注企业运行层面的一些问题。

二、管理的误区：用过去的认知指导当下和未来

过去40年，中国经济的高速增长不仅给中国人带来了丰富的物质财富，也极大地改变了中国人的商业理念和认知。这些认知在高速发展时期代表了成功的经验，甚至已经成为业务和组织管理决策的准则。凡事过犹不及，这些认知在经济增速放缓的当下和未来不一定适用。其中，最典型的几种组织管理方面的刻板认知包括：速度越快越好、规模越大越好、组织需要灵活性、组织需要年轻化、人只是生产资料。

（一）速度越快越好：快鱼吃慢鱼

我从阿里巴巴离职的第一天，早上准时醒来，很快完成洗漱，穿好衣服，拿起电脑包，一路快走上了车。直到车子启动之后，我才意识到，我已经不需要赶着去公司了。过去许多年，我从起床到上车几乎都在15分钟内完成，这已经成为一种肌肉记忆，突然之间慢了下来，反而需要更多的心理调整。

不只是个人，整个中国社会的运转速度都变得越来越快。人们每天所经历的物流和信息流正在以数倍于此前的速度运转。1994年，我刚刚考上大学，跟几个老乡从兰州上了火车，坐了37个小时的硬座到达武汉。那个时候中国铁路客车的时速为50千米左右。现在随着高铁的普及，客车的时速已经达到了350千米，比20年前提升了约7倍。

在物流配送方面，次日达已经十分普遍，我们每天都在享受小时级和分钟级的送达。在交通方面，除了四通八达的高铁和地铁，中国已成为全球第一大汽车市场，自驾出行提升了我们出行的半径和速度。

在商业领域，大数据被广泛应用于价值链的所有环节，大幅提升了研发、生产、运营效率，让工作周期越来越短。新产品孵化的周期可以从18个月缩短到4个月，新产品上市的速度大大加快。经营调度频率可以缩短

到 10 分钟以内，总部可以随时掌握全国的销售情况。从整个中国社会发展的大趋势来看，一切似乎证明"快鱼吃慢鱼"是唯一正确的答案。

然而，"快"并非一切问题的答案。当市场需求很明确，我们急需提升效率的时候，快是成功的法宝。若需求并不明确，就需要认真思考，找到真正的机会。像芯片研发等"重、长、远"的投资领域，更加需要稳中求进，宁愿慢而稳，也不要一味求快，乱中出错。

有一个二代企业家回顾企业辉煌时刻的时候提到，企业作为其他企业的供应商，以前需求旺盛、供不应求的时候，整个企业"7 天 × 24 小时"地赶工，所有人加班加点、干劲十足。那时候，"快"就是最重要的指标。如今企业面临供大于求的情况，"快"已经无法解决企业的生存和发展问题，更重要的是如何找到一个新的增长点。

一味求快的负面效应已经开始从各个方面显现。对于个人而言，效率的提高并没有解放个人的时间，或者提高个人的幸福感，而是敦促个人将更多的时间花在工作上。从前，我们坐着绿皮火车去另一个城市出差，路上可能会打牌、聊天、读书，抑或看看窗外的风景。但现在，即使是在行程短暂的高铁上都随处可见带着电脑和手机、争分夺秒办公的"打工人"。随着互联网和视频会议技术的发展，24 小时在线、随时待命成为常态。无时无刻不处在办公模式的状态模糊了上下班界限，导致生活和工作无法从物理场所上分离，反而比让人全身心地在公司加班更累。而疲惫导致人们无法高效地工作，无法做出有质量的创新，进而产生恶性循环。

办公软件看似简化了不必要的流程，其实反而让人承担了更大的工作量；社交软件填充了人们的碎片时间，使人们彻底失去时间概念和对自己生命的掌控能力；"已读必回"、特别提醒让人无法从办公软件中脱身；着急得到回复的焦虑感也让社交软件成为变味的职场工具。人们希望借助效率工具解放自己的同时，却被各种效率工具所束缚。社会运行效率越来越高，但人们自主的时间却越来越少。

对企业来说，我们曾经以为掌握了一定的市场数据就能掌握更多的信息，从而做出更准确的决策。然而信息的门槛已经越来越低，所有企业都能快速掌握大量数据，从而快速做出决策。这时候"快"已经无法带来竞争优势，反而慢人一步，深入思考，反其道而行之，才有可能脱颖而出。

（二）规模越大越好：大鱼吃小鱼

20 年前最流行的一个词是"做大做强"。实际上，大不一定强，强也不一定要大。与此前大家普遍追求"大而强"不同，未来必将出现一批"小而美"的公司。

活得久的企业大多恪守业务边界，不会轻易扩张规模。北京的百年老店，每家都带着明显的标签——同仁堂的药、全聚德的烤鸭、荣宝斋的字画、内联升的鞋。据称，日本百年老店有 10 万多家，其中 200 年以上的有 3000 多家。做企业要大而全还是小而美？这是一个值得思考的问题。

（三）组织需要灵活性：扁平组织优于科层组织

过去 20 年，互联网模式大行其道，很多人认为扁平化是企业管理先进的标志。实际上，这又是一个认知误区。企业是否扁平化与能不能成功之间，并没有相关性。华为并没有采用扁平化管理，但并不妨碍它成为中国最成功的公司之一。

扁平化的组织虽然灵活，但不稳定。科层管理的组织虽然稳定，但不太灵活。在中国，主要的企业管理模式有科层管理、项目制管理和扁平化管理。科层管理，即在企业中划分管理层次，上级与下级之间有明显的级别界限和隶属关系，主要应用于国企和事业单位。项目制管理，指在企业中将不同职能部门的成员组成团队，共同负责同一项工作或事务，主要应用于咨询公司等民营企业。扁平化管理，指让企业员工直接面对企业的目标和客户，员工之间没有部门界限，也没有固定所属的单个领导，这种由繁到简、随机应变的管理模式，主要用于互联网公司等新兴民营企业。

这 3 种管理模式各有利弊。对于扁平化管理，它的好处是沟通链路短，灵活性很高，缺点是同事间竞争激烈，人员流动性大，整体稳定性不足。对于项目制管理，组织内部形成"自闭环"，工作效率高，组织灵活性也更高，但人员流动性大，且容易造成重复建设和资源浪费。对于科层管理，其稳定性好、环境明确，但灵活性不足，缺乏变化。表 1.1 所示为扁平化管理、项目制管理、科层管理的描述和各自的优缺点。

表 1.1　扁平化管理、项目制管理、科层管理的描述和各自的优缺点

	扁平化管理	项目制管理	科层管理
描述	减少层级，鼓励协同和共创；赋能员工，减少微管理	按项目划分资源，适合规模大、多项目并行的公司	金字塔式组织，规则明确，实行自上而下的管理方式
优点	员工拥有更大的自主权和动力；决策更快；有利于创新	项目内部垂直管理，管理和沟通高效	员工责、权、利明确，效率较高；升职阶梯激发员工热情
缺点	规则不明确，容易内耗；错误决策较多，容易造成损失	重复建设成本高；员工缺乏连续职业保障；沟通协同少	层级之间的交流不多；决策周期较长，容易导致低效

从组织稳定性方面来看，科层管理最高，项目制管理次之，扁平化管理最低。调研显示，在科层管理的组织中，约 50% 的人认为自己可以干到退休。在采用项目制管理的组织中，约 40% 的人认为自己可以干到退休。在采用扁平化管理的组织中，约 35% 的人认为自己可以干到退休，如图 1.10 所示。

每个组织都需要根据业务发展的特点，在稳定性和灵活性之间做出取舍。一般而言，随着组织规模的扩大，内部对稳定性的需求也会逐步变大。图 1.11 所示为扁平化管理、项目制管理和科层管理的灵活性与稳定性排序。

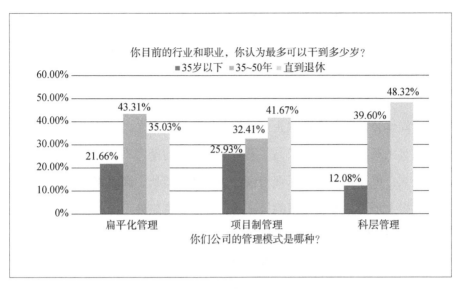

图1.10 "你目前的行业和职业，你认为最多可以干到多少岁？" "你们公司的管理模式是哪种？"选项分布

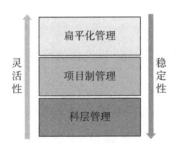

图1.11 扁平化管理、项目制管理和科层管理的灵活性与稳定性排序

组织架构和管理模式的选择，需要与业务特点、市场环境、发展速度和战略需求相吻合。高速发展的组织，往往会采用更加灵活的架构，而日趋稳定的组织，会采取更加稳固的架构和管理模式。因此，不同的组织需要根据实际情况在灵活性和稳定性之间找到平衡。

（四）组织需要年轻化：年轻优势大于经验优势

70后和80后最大的悲哀，是在年轻的时候发现"资历不够"，岁数大了发现自己"不够年轻"。年轻时，职场就业更看重"资历"，如今却趋向"年轻化"。年轻的时候没赶上分房福利，也没赶上分配工作，等到了 35 岁以后，赶上了"年轻化"，赶上了裁员。

这种"年轻化"的趋势主要集中在民营企业，如互联网公司、科技公司和新媒体公司等。在这些企业看来，用年轻人有 3 大好处：第一是年龄偏大的员工对薪酬待遇要求高，愿意分给工作的精力不多，性价比远远不如年轻人；第二是年轻人乐观积极，不会老气横秋、满腹牢骚；第三是年轻人赶得上形势，对新生事物很敏感，对创新有好处。因此，年轻化是一些公司心照不宣的用人标准之一。

不仅如此，职场对"年轻人"的定义也在逐渐收窄。很多企业会在招聘公告上明确标注年龄限制，最常见的要求是"不超过 35 周岁"。有些企业为了避嫌，不会公开注明年龄要求，但会在筛选简历和面试过程中悄悄排除"超龄"的求职者。还有一些企业会让年龄逼近 35 岁或超过 35 岁的基层员工提心吊胆，因为下一个运动式裁员就可能轮到他。网络上热门的调侃词汇"35 岁工作嫌老，60 岁退休嫌早"，道出 35 岁中年危机背后的职场辛酸。

"年轻化"的职场文化和氛围也越来越风靡。尤其在新兴的互联网行业，很多部门负责人、主管都是 25 岁到 30 岁的年轻人。据报道，2021 年中国各大厂员工平均年龄为 30 岁，其中，滴滴员工的平均年龄为 33 岁，华为和阿里巴巴员工的平均年龄为 31 岁，京东、百度员工的平均年龄为 30 岁，小米、腾讯员工的平均年龄都是 29 岁，快手员工的平均年龄为 28 岁。

自然，职场人士也对这种趋势和潜在的规则心知肚明。"Why Do We Work"调研结果显示，近 60% 的受访者认为自己最多可以在自己目前的行业、岗位上干到 50 岁，约 40% 的人认为最多干到 35 岁，可见，"趁年轻，多挣钱"的思想在职场上盛行。同时，这一数据也反映了职场人士组织归属感和工作安全感的明显匮乏。

　　这种用人标准是有依据的，也并非全是坏处。在互联网和人工智能高速发展时期，需要大量的创新力量，这时候，充满锐气的"年轻化"员工的确可能是一种好的选择，当然前提是年轻人在创新方面更有优势。管理者的假设是年轻人思维活跃、敢想敢干，在全新的产业和创业方面比职场"老兵"更有优势。

　　但是，一旦企业发展脱离高速增长的轨道，进入瓶颈期，或者遭遇动荡进入危险期，"老兵"的"压舱石"价值就会得到很大的体现。相比之下，年轻人虽然可以通过学习掌握职场技能，且善于创新、创造，但并未经历过大风大浪的洗礼，而且缺乏战略层面的深度思考，往往存在对风险的预见性不足的问题。就像在战场上，老兵往往有丰富的作战经验，能够避免致命的错误，因此有更大的存活的可能性。在商业上也是同样的道理。另外，在职场中，越高层级的人越要有经验，越低层级的人越要有潜力（见图 1.12）。明代思想家吕坤说过，深沉厚重是第一等资质，磊落豪雄是第二等资质，聪明才辩是第三等资质。对于高层级的管理者，深沉厚重可以避免致命的错误。经验和潜力都是必不可少的职场技能，只是在关键时刻，年轻人灵活、大有可为，职场老兵持重、堪当大用。

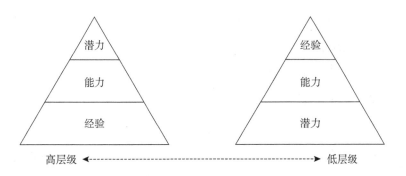

图 1.12　在不同职场层级的员工具有的潜力、能力和经验对比

（五）人只是生产资料：视人为人能否实现？

在最初的"科学管理"理念中，人只是机器的一部分。在"算法式管理"理念中，人只是业务流程的一部分。二者的共同之处在于，人只是一种可以随意替换的生产资料。

百年来，西方的古典管理理论对全球的管理实践影响巨大。从工业经济时代到知识经济时代，"科学管理"的影子始终存在。20世纪初，美国管理学家弗雷德里克·温斯洛·泰勒（F.W.Taylor）在工厂中推行标准化和流程化的作业方式，通过流水线作业，使工厂的生产率大幅提升。这种管理方式把复杂的生产流程一步步拆解为简单的动作，然后通过分工流水线找到标准化的最佳流程。其精髓是标准化、流程化，使整个生产过程变成一个整体可控、可管理的系统。也就是说，把一个复杂的过程简化为若干个简单的动作，让拧螺丝的工人只需要拧螺丝，让刷油漆的工人只需要刷油漆。在这个体系中，人只是机器的一部分。

但到了知识经济时代，很多行业的价值创造走出了车间，开始大量依靠人脑和人的创造力，知识工人的工作过程并不容易标准化、流程化，工作成果也难以衡量。受科学管理的启发，管理者将思路转为对"系统化闭环"的追求——销售闭环、营销闭环、战略闭环。既然闭环无处不在，有没有可能把系统化闭环的管理方式用到知识工人身上，让他们也像车间的工人一样，成为系统的一部分，自发、自动地工作？

也许是出于这样的思考，也许是误打误撞的结果，一套适合知识工人的管理模式横空出世了，我将其概括为"算法式管理"。"算法式管理"是过去20年一些优秀的中国企业创造出的一套逻辑闭环、高度自洽且符合大数据算法的管理方法。如果说"科学管理"保障了工业时代的效率，那么"算法式管理"追求的则是知识经济时代的效率。

"算法式管理"基于首尾相连的算法，将企业的业绩增长和员工的绩效评估高度挂钩，从而使企业快速发展，在竞争中脱颖而出，取得并保持行业领先地位。

"算法式管理"包括 4 个必备环节（见图 1.13）。

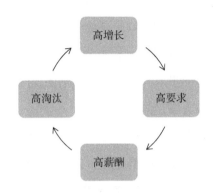

图 1.13 "算法式管理"的 4 个必备环节

第一，高增长，让运营效率和利润水平远高于行业平均水平。一般来讲，采用算法式管理的企业增长速度是行业平均增长速度的两倍，净利润率明显高于友商，运营效率（如产品研发速度、库存周转率等）也远高于行业平均水平。这些公司基本都是"快"公司，即业务发展快、管理节奏快、内部变化快。

第二，高要求，设置具有高挑战的目标，做好人才梯队建设，保证一定的人才冗余。一方面，可以在人才流失的情况下迅速补充战斗力；另一方面，也能在发现新机会的同时迅速扑上去。此外，适当采取内部"赛马"机制，有利于更优的团队或方案胜出，推动公司持续创新。

第三，高薪酬，使员工待遇远高于行业平均水平。就同一岗位而言，要明显高出同业 20% 以上，甚至 50% 以上，并在业内形成高薪的品牌认知，源源不断地吸引到人才。

第四，高淘汰，采取优胜劣汰的考核方式，奖励向成绩突出的员工倾斜，同时淘汰表现不佳的员工，保持人员的流动性和竞争力。

在合适的市场条件下，率先采取"算法式管理"体系的公司，逻辑上能持续保持领先优势，并对行业形成"火力压制"。过去这些年，国内突飞猛进的互联网经济便受益于这种"算法式管理"。

"算法式管理"不仅能为企业高速发展提供人才和管理体系保障，也可以给员工提供丰厚的回报和迈向中产的通道。那些顶着巨大的竞争压力，在大厂奋斗多年，经历种种考验都没有离开的人，在工作中实现了诸多价值。对员工而言，一份回报率高的工作是生活的保障，换来了房子、车子，也换得父母的骄傲、家人富足的生活。

从某种程度上讲，优秀的企业都会采取某种形式的"算法式管理"，并在一定时期内提高或保持其优势地位，但也需要全面考虑该模式的利弊。即使"四高"（高增长、高要求、高薪酬、高淘汰）管理体系运行良好的企业，也普遍存在无效内卷、员工倦怠、创新不足、合成谬误等各种问题。这里特别提出以下两点企业在采用"算法式管理"时需要认真且慎重考虑的问题。

第一，进行人性关怀。"算法式管理"擅长利用人性中逐利、竞争、渴望成功的一面，但过度强调人性贪婪的一面，也容易产生其他的问题。例如，过于追求短期目标，忽略长期创新；过于鼓励竞争，缺乏团队协作；将员工视作生产资料，缺乏人性关怀和健康的工作氛围等。

第二，关注整体平衡。"算法式管理"强调速度和效率，但也要考虑与环境、产业、组织内部保持动态平衡发展。我们需要留意到事物的多面性，如效率和公平、速度和质量、短期和长期、竞争和合作、物质和精神、业绩和创新。"花无百日红"，不存在一直向好的环境、产业和市场，也不存在永远好用的管理模式。

但是，"算法式管理"并不适用于所有时代、所有行业和所有企业，只要有以下问题出现，这一体系就难以成立：企业不在高增长的赛道上；人才不是企业竞争的胜负手（或者说人才不能让企业脱颖而出）；企业高投入不能带来高回报；企业无法保持薪酬的吸引力，让人才输血足以抵消高淘汰导致的人员流失……也就是说，在高增长、高要求、高薪酬、高淘汰的任何一个方面出现了问题，整个系统便需要重构。

随着中国经济高增长的大潮逐渐退去，高速发展必然要转向高质量发展，"冲浪"的经济大环境会逐渐消失。新冠疫情暴发及后疫情时代，可以看到"四高"企业的发展都遇到了一定的问题。在高速发展的时代，提倡内外部竞争、提倡增长的"算法式管理"大放异彩；在增速趋缓的时代，提倡内外部合作、提倡稳定增长的管理方式会成为主流。这是时代发展的必然规律。我们预计，组织管理"高增长、高要求、高薪酬、高淘汰"的竞争模式，将会向"合理增长、合理要求、合理薪酬、合理淘汰"的合作模式转型。图 1.14 所示为竞争模式向合作模式的转型。

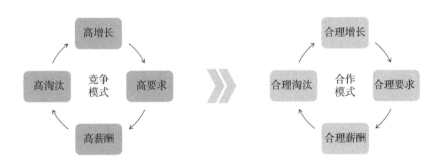

图 1.14　竞争模式向合作模式的转型

三、无效的应对：用战术上的勤奋代替战略上的懒惰

经历了新冠疫情，人们的生活状态、消费习惯已经产生了巨大变化。更重要的是所有人认知的改变。以前大家说社会是一所大学，所学的是两个专业：人生观和价值观。在人生观的课堂里，我们学了 3 句话：人很渺小，生命很脆弱；以前觉得人生很长，现在发现一个人说没就没了；人生的意义在于当下，不要为了看不到的未来太透支现在。

在价值观的课堂里，我们也学会了对一个人来说到底什么是重要的，什么是不重要的。比如，生命和金钱哪个更重要？工作和健康哪个更重要？也许我们每个人对这些问题给出的答案已经和以前不再相同。

从现在开始，组织管理也将面临众多全新的挑战。据报道，2022 年上半年全国有 46 万家企业倒闭，知名企业持续裁员，"从年头裁到年尾"。互联网行业的年度关键词被认为是"降本增效""裁员""寒气""持续低迷"。

由于企业普遍缺乏首席组织官和战略 HR，企业家大多没有任正非一样的系统思维和推动组织转型的铁腕手段，所以每当企业面临发展困境、业务增长乏力、组织效率下降、凝聚力不足、人心涣散的时候，管理者往往希望通过缝缝补补，重启组织动力，重返增长之路。然而因为缺乏系统性，这些方法除了有一些代偿效应，整体上很难奏效。

（一）"不行就换人"

这是一种最常见的企业管理者心态。在他们看来，每个工作岗位都可以遵循胜任力模型（Competence Model），即通过出色完成特定工作所需要的胜任特征的总和，来寻找合适的人。这的确是有道理的，因为许多管理问题都是人岗匹配错位导致的，换人很可能是一条便捷的解决之路。

换人是容易的，但也会为企业内部带来恐慌和不可见的沉没成本。在我们的调研中，一位知名企业人力资源管理官说，她的老板总喜欢换人，可是每个员工从招聘、入职、适应基本为 6 个月，辞退再招、工作交接等都是成本。她粗略估算，每换一个人损失的成本在 40 万～ 50 万元，但因为不在财务系统里面显示，所以老板看不到这笔费用的损失。可见，不合适就换人对企业而言，看起来"合算"，结果可能弊大于利。

（二）寄希望于工具：满满的"工具箱"与管理者的不作为

企业管理中理论工具冗余的现象非常普遍。在一些大公司，几乎所有的管理都有"工具"兜底——薪酬有系统算法、晋升有规定比例、目标管理 OKR 系统、考评系统、绩效系统、晋升系统、关键绩效指标（Key Performance Indicator，KPI）系统、目标与关键成果（Objectives and Key Results，OKR）系统、岗位称重系统，还有外部拜访系统、日报和周报系统、内部 360 评价系统等。管理者似乎无须思考，只需按系统工具的要求被动操作即可。这的确节约了管理者的时间，但只要是系统没有覆盖的问题，无论是否重要，都变得无人问津，如组织设计、组织氛围、资源配置、员工关怀、人才发展……

为何会产生这种现象？或许在于对工具的盲目使用，将十几年前甚至几十年前的理论框架体系奉为经典，不考虑其提出的时代背景和生产方式，产生不适症状后，再去寻找新的理论和工具，循环往复。最后，组织犹如一个虚胖的病人，浑身上下绑满了理论、方法、流程，新问题层出不穷，再继续往身上打补丁……而组织中的人，也因此不堪重负。他们一直在精细化和专业化的道路上不断学习、进取，最终越来越努力，却越来越迷茫。"其学广博而烦琐，费力多而收效少"。这导致很多从业人员跳不出精专视角，缺乏企业全局观，难以从战略角度出发分析问题，难以用系统的思考方式解决问题，最终将组织管理工作切成一个个碎片化的任务。

（三）用局部解决整体问题

每当组织内部出现问题时，企业管理者常常急于找到所在细分领域的问题，给出改进方案，妄图用局部的改变带来全局性的变化，最终结果往往不尽如人意。对于这种现象，首先要认识到，组织是一个人与人交互的小型社会系统。系统问题的答案，从来就不是公式。当专注于个别方向或细节的研究时，就会将系统各个部分割裂开来。一旦这样，试图通过一个个局部来把握整体，无论分割得多细、多精准，也无论研究得多深、多透彻，都会破坏系统本身，无法辨识出系统层面的特性，从而做什么都是徒劳无益的。

（四）动辄调整结构

最早的组织发展观点认为，组织是为实现特定目标而设计的工具。结构（组织）服务于目标（战略），被称为组织发展的"理性系统"。在此基础上，延伸出来的一系列理论都是停留在组织结构发展上的。这常常会造成人们对组织结构的单一判断：科层制组织无法有效激发员工的活力；事业部结构能够激发经营人员的活力；流程型组织是以客户需求为起点的矩阵式组织模式；平台型组织使得人人都是创业者，可以充分释放组织的潜能。最终，企业的发展动能就落到在各种模式之间的反复横跳，一有问题就调整组织结构。但组织结构的调整绝非易事，可以说是牵一发而动全身。要跳出"动结构"的怪圈，最好的方法就是抛弃组织结构的标准形态，先入为主。人们需要认识到，组织结构只是一种手段，是组织全局视角中的一个维度，就如人体的骨骼起到支撑作用一样。但绝不是说，骨骼是人体的全部。

（五）用一次变革解决系统问题

在应试教育的影响下，大部分人从学生时代就已经习惯了做试题、拿分数。经过了从小到大的强化训练，人们形成了一种思维定式，就是找到唯一的标准答案。这样的观念在组织管理中也很常见，靠一种方式、一套工具、一个手段、一次变革，甚至一次经营"战役"让企业持续发展，走向长青。

实际运营中的企业，面临的问题往往是复杂而系统的，无法通过一个答案、一次变革、一次再造来解决系统性的问题。在面对企业中的问题时，大多数领导者最容易犯的错误是试图用对待机械系统或有机系统的方式对待社会系统性问题，找出短、平、快的修补或替换式解决方案。虽然这样做更简单，人们也熟悉这种方式，但这样做容易产生各种难以预料的后果。

企业的运作永远都不是一个静态的过程，其内部亦不会永远处于"稳固的"均衡状态，更是一个持续的、不断适应后找到平衡，再打破，再找到新的平衡的循环往复的运动状态。所以，面对组织出现的问题，必须用动态化治理的视角，用动态变化的思维去看待问题，用系统思维去分析问题，在动态中解决问题。

（六）一种方法管理所有团队

互联网公司内部有一个所谓的"潜规则"：不要创新业务。原因是很多创新业务处在孵化或者开拓阶段，这个过程动辄几年，而公司的业绩考核是每年都要进行的。所以，创新业务必然拿不到结果，初创团队成员带着热情投入进去，常常不得不因为拿不到业务成果而被迫离开。成熟团队则不然，业务已经稳定了，很容易拿到结果，造成集体争抢的现象。现象背后是规律，即在这个过程中，组织用一套管理方法要求所有的团队，没有考虑业务所处的阶段，是创新业务需要时间培育，还是成熟业务已经形成稳定的状态；也并没有根据集团战略布局需要，去考虑各个业务在战略层面的布局，是创新业务处在行业的爆发前期，还是成熟业务已经触摸行业增长的天花板。

同样，在大型企业内部，不同部门的职能不同，对员工的管理也应因地制宜。但在实际运行中，很多组织发展和管理工作都由人力资源部统一负责，这就造成业务部门的管理者认为组织的建设、管理、传承不属于自身工作范畴，只要管好自己的小团队拿到业务结果就好了，其他的是人力资源部的事情。人力资源部又对各个部门的实际情况缺乏足够的了解，无法设计出合理的方案，最终出现用一把尺子衡量所有部门的情况，评价指标单一，结果不清晰，依赖团队管理者的主观感受，少了客观的评估。

（七）照搬成功企业经验

目前，很多企业培训课程以"向成功企业学管理"为名，将华为、阿里巴巴、字节跳动、小米、海尔、格力、万科、海底捞等不同阶段做出成绩的企业高管、前高管请到台前来，对组织内部管理模式进行拆解，结合案例和日常运营的细节，分享给大家。

成功企业的光环会让很多人对相应的管理模式深信不疑。然而，什么企业增长最快就学什么，什么模式最新就学什么，这样做会得到什么样的成效是要打问号的。创始人不同，高管团队的性格不同，也造就了不同的企业文化底色；而战略不同，产业不同，适合每个行业的运营模式也千差万别；成长路径不同，发展阶段不同，遇到的问题必然不同，对症下药的方式也有所不同。完全照搬，自然会产生"水土不服"的现象。这也导致很多企业家会调侃，学过很多理论，越学越倒，到最后企业越做越小，直至关门大吉。

成功企业的经验，未必适合我们自己的企业。在学习的基础上更应该做的是，基于自身状况，邀请公司各层面高管充分参与，将企业当前所处的场景、遇到的问题清晰地描绘出来，在了解全貌的基础上，准确判断组织的运行状况，确定合理的改进方案，并逐步优化实施。如此往复，在动态发展的过程中解决不同场景与不同变量组合下的不同问题，用练内功的方式，增强组织的"肌肉力量"。

第二节　理论由来：东方管理哲学和西方管理理论

各种管理乱象就像一团乱麻，从线团的外围抓着一根线使劲儿拽，线团只会更加纠缠不清，变成更大的死结。组织管理到底应该怎么做？还得追根溯源，从东、西方的管理发展历史中找到答案。此前的管理研究要么只讲东方（中国），要么只讲西方，很少有对东、西方管理综合的研究。这几年更常见的情况是，"管理大师"们认为我们老祖宗的几句话已经把管理说得很清楚了，他们推崇中国管理思想，同时对西方管理理论的理解很片面。在这里，我们关注的不是哪一方的对错与优劣，而是要"求同"，探究双方在管理逻辑上的"共通之处"，这才是学习和掌握管理经典理论的正确方式。

一、东方管理哲学的启示

在中国 5000 多年的历史文明长河里，法家、儒家和道家在社会治理方面提出过一系列管理思想，可以作为中国企业管理的重要借鉴。总结来看，在中国的管理理念当中，法治、德治和仁君构成一个稳固的三角，围绕皇权和治理形成一整套从上而下的管理体系。中国管理思想有着广泛的社会基础，需要管理者认真借鉴。作为研究者，我的着眼点并非中、西方管理学的细枝末节，而是从树根和树干出发，重新梳理其思想的脉络。

（一）法治：奖惩分明，但过刚易折

春秋战国时期，战争连绵，多国争霸，人人处于需要在竞争中活下来的社会大环境中。法家代表人物商鞅主持"商鞅变法"，他基于对"人性恶"的认知提出了一套制度，包括废井田、重农桑、奖军功、实行统一度量和建立县制等，不仅具备标准化流程，还在执行上具有务实、可操作、清晰、易懂等多重优势，有利于实践落地。商鞅变法之下的秦国爆发出强大的农业生产力和军事战斗力，并以摧枯拉朽之势统一了六国。

然而，大一统后的秦国并未如预想中的继续强大，仅仅 15 年时间，到了秦二世便匆匆结束。短命的秦国最大的历史功绩是法治和标准化，这使得中华文明能够打破多种限制流传至今，成为东、西方众多文明中唯一没有中断的文明。美国布鲁金斯学会学者、中国问题专家李侃如（Kenneth

G. Lieberthal）认为，发端于秦朝的法家制度经历了几个世纪，呈现出近代西方制度的特点——有界定清晰的职位、基于功绩的任命、明确的报酬结构、职能的专业化、高度发达的正式沟通体系、关于权力形式的适当路线的详细规章、定期报告职责，以及正式的监察组织等。在他看来，秦代社会已经早早呈现出现代化的特点。

对于法治，有一些人认为是对中国社会巨大的破坏。这种说法成立的前提是如果没有法家思想，中国社会就会百家争鸣，整个社会更加宽松包容。但这种说法很难成立，因为如果没有法家的治国思想，中国可能就像今天的欧洲，"小国寡民"成为常态，而大一统很难实现。对于企业也一样，如果没有系统、流程和制度，就很难实现业务和管理的规模化。

学者张宏杰在《简读中国史》一书中称"成也法家，败也法家"，他认为法家建立了高效的汲取制度，但这套制度没有可以被约束的力量，导致汲取过度，超过了民众的承受能力。在当时的管理者和制度设定者眼里，人就是工具，作战时可以贡献生命，和平时可以贡献劳力，磨损了便如农具一般可以被抛弃，如射出的箭一般无须再回收，不需要考虑权利，也不需要尊重需求，只需要驱使就可以。最终，"被视作工具"的各地百姓，因为人自身基本需求不被尊重、无法满足而苦不堪言，再到忍耐极限，纷纷揭竿而起，为自己的生存与尊严而战。

法治的一大弊端是，要么难以涉及管理的方方面面，要么难以全面执行。试想一下，制度并没有办法规定生活和工作的方方面面，总有很多法律和制度没法到达的地方。"清官难断家务事"，意思就是一旦牵扯到了家庭事务，法律的标尺就变得模糊。另外，理论上我们可以有完备的法律制度，大到杀人放火，小到夫妻吵架，都可以用制度来约束，但这么一来，全社会每天都会有无数违法现象，到底谁来执法？

秦二世而亡，就是过于推崇法治，导致社会运转系统失去了弹性。陈胜、吴广起义的时候说"天下苦秦久矣"，说的就是秦国的制度过于暴虐，失去了人心。

（二）德治：道德约束，但创新不足

秦之后建立的汉，为避免重复像秦一样快速灭亡的悲剧，对秦的成与败做了深刻的分析。大汉的君臣认为秦迅速灭亡的一个重要原因是秦在思想文化建设上出现了问题，没有成功地建立起有说服力的信仰和价值系统，导致功利主义文化盛行。据说刘邦得到天下以后，并不重视诗书礼乐，陆贾告诫他说："在马上可以取得天下，难道您也可以在马上治理天下吗？"这一点指出用秦杀伐四方的战略打天下好使，但用于治天下就不行了。

事实亦如此，当时的秦人只重视物质利益，不重视精神追求。这与法家将人作为工具的思想有关。既然为工具，就不需要有思想。因此，只有不让民众过得安逸，不让民众追求精神世界，才能被国家操控和驱使。所以，无论国家贫穷还是富有，都要对外进行扩张。贫穷时，对外扩张可以增强国家实力，使民众不那么安定；富有时，对外扩张也同样需要，可以使民众不那么安逸。时间久了，这种治理方式很难得到人心。

有秦朝灭亡的教训在前，汉朝在建立之初，采取了更多休养生息的做法。贾谊认为"牧民之道，务在安之而已"，意思是治理民众就是使他们安定地过日子。汉初推崇黄老（黄帝和老子）的理念，采取"轻徭薄赋""与民休息"的政策。汉文帝和汉景帝时期，国家生产力迅速发展，社会安定，百姓富裕，后人称之为"文景之治"。

到了汉武帝时期，汉武帝听从董仲舒的倡议，开始"罢黜百家、独尊儒术"，并建立了一个全新的思想体系，打造了一套"外儒内法"的管理逻辑。"罢黜百家，独尊儒术"的思想已不是先秦儒家本来的面貌，实际上是法家化的儒家。这种新的儒家思想既可以加强皇权统治、提升国家力量，也可以统一人们的思想行为、降低管理成本。这个管理逻辑被封建王朝的历朝历代采用，成为封建统治者管理治理的主要逻辑，影响了后世中

国 2000 余年。

与法家思维方式不同，儒家认为民众是国家的主体，国家因民众而存在，君主应该获得民众发自内心的支持。儒家思想推崇"德治"，讲究的是礼仪与规矩，用于规范人们的行为和思想。对个人而言，儒家讲究的是仁、义、礼、智、信（圣）、恕、忠、孝、悌等思想。仁，仁爱，主张"仁以处人，有序和谐"；义，原指"宜"，即行为要合"礼"，要做大我，不做小我；礼，指的是道德规范和生活准则；智，同"知"，指的是知识、见解、智慧；信，指待人接物要真诚，言行一致；恕，己所不欲，勿施于人，要有容人之量；忠，要忠诚老实；孝，孝敬父母；悌，敬爱兄长。

儒家思想的理论体系也有天然缺陷。一方面，儒家不提倡创造精神，不主张怀疑论，也不认为人类的认知永无止境，因此没有批判和探索精神，整个思想体系是保守封闭的，而非动态发展的。基于此框架构建的治理模式，跳不出前人界定的标准，而汉朝当时独特的半封闭地理环境及周边民族文化上的普遍落后又使这一模式遇到的挑战很小，从而丧失了探索的动力，丧失了自我变革的压力，也丧失了应有的活力。另一方面，外儒内法制度设计的初衷是为强化管理者的集权，从而提高系统资源的汲取能力。管理者在缺乏有效制约的情况下，无法对过度汲取进行有效干预，最终结果都是快速超过系统本身的承受能力而崩溃。最早实行该儒家思想的汉武帝，在其执政的晚年，于文景之治时期积累的充盈的国库被消耗一空，百姓生活由富裕迅速变得艰难。而在此之后，在儒家思想统治的 2000 余年中，中国的历史系统更是不断地进行"崩溃—重启"的循环。

（三）仁君：仁爱有德，但容易走向"完美主义"

仁君的意思是仁慈的皇帝。仁君不仅是儒家的说法，在道家思想中，更有完善的论述。道家思想主张的治理办法最重要的是保持均衡，不能过度。司马迁将道家思想归纳为"清静无为"和"自化自正"，将德治、礼治、法治、仁治等一系列基础治理措施相结合，对管理者的权力进行适当约束，宽刑简政、放开搞活，最终形成健康自然的社会秩序。这和现代管理理论不谋而合，而与儒家的教化、法家的被化形成了鲜明的对照。

道家思想对管理者提出了要求，即要仁爱、有德。仁爱，就是柔御天下、上善若水、爱民如子；有德，就是以身作则，自我约束，最大限度地约束权力。在历代帝王中，汉文帝无论是道德修养还是政治主张均是宽厚而难得的，所以在其治理下，国家呈现出欣欣向荣、民富而国富的风貌。

"仁君"的说法至今对国人影响巨大。中国人向来希望领导是近乎完美的，如果不完美就是"德不配位"。在中国几千年的历史中，"仁君"屈指可数，可见成为一个完美的君王并不容易；在企业管理中，管理者也被要求具有完美的德行。相比之下，西方社会关于"领导力"的说法就要柔和一些，领导力有高有低，但并不要求每个领导都是德行完美的，这一点更加符合实际情况。

法治、德治与仁君的思想在中国根深蒂固，形成了独特的东方管理哲学。中国人既讲法治，也讲德治，同时期待领导者都是"仁君"。在不同理念的博弈中，需要时刻追求"中庸之道"。其最大的优点是可以灵活运用于任何场景，最大的问题是经常有相互矛盾的说法和做法。在实际应用过程中，需要管理者和被管理者双方的默契和博弈，一切都有法可依，一切又没有规律可言。而管理的最高境界，是实现一种和谐与均衡的状态。

总体而言，中国早期的管理思想与封建统治是分不开的，无论是法家还是儒家，其核心是如何维护帝王的统治，其中不乏帝王之术。西方的管理思想更多来自工业革命之后，主要应用于企业管理。从企业管理的角度，可以糅合东、西方的优势，灵活运用。图1.15所示为东方管理哲学——仁君、法治和德治之间达成和谐、均衡的方法。

在中国人眼中，并非所有人都需要制度的约束和管理，有一类人的自我管理胜过被他人管理，那就是君子。古人设置了对君子的要求和衡量标准，并号召文人志士去做正人君子，从而达到自我管理和自我治理的效果。君子是相对于小人而言的，一旦有了成为君子的追求，一个人就有了卓尔不群的气质，就能自我鞭策、自我激励，成为一个完美的人。

图 1.15 东方管理哲学——仁君、法治和德治之间达成和谐、均衡的方法

在中国传统思想中，对君子有不少描述。总结而言，至少有以下几个共性的标准。

第一，目标高远，志向坚定。孔子说："君子喻于义，小人喻于利。""君子谋道不谋食。""君子忧道不忧贫。"范仲淹说："先天下之忧而忧，后天下之乐而乐。"苏轼说："古之立大事者，不惟有超世之才，亦必有坚忍不拔之志。"孔子为《周易》写的《象传》里说："天行健，君子以自强不息；地势坤，君子以厚德载物。"

第二，持续学习，反省内求。孔子说："见贤思齐焉，见不贤而内自省也。""吾日三省吾身，为人谋而不忠乎？与朋友交而不信乎？传不习乎？""君子有诸己，而后求诸人。""学而时习之，不亦说乎。"唐太宗李世民说："以铜为镜，可以正衣冠；以古为镜，可以知兴替；以人为镜，可以明得失。"

第三，不偏不倚，中庸之道。孔子说"中庸之为德也，其至矣乎！民鲜久矣。"意思是说中庸这种美德，是一种最高境界，人们缺乏它已经太久了。孟子说："可以仕则仕，可以止则止，可以久则久，可以速则速，孔子也。"

用现代的话来讲，君子就是追求卓越的人，他们目标高远、持续学习，对自己的言行和修养有很高的要求。

二、西方管理理论的启示

时至今日，西方的管理学理论仍然在发挥作用。无论我们走进雅戈尔的智能工厂，还是特斯拉的车间，都会为其科学管理的流水线效率惊叹。我们走进任何一家国内企业，也会看到市场部、销售部、财务部、人力资源部等名称挂在办公室的门上，这便是我们对一百年前亨利·法约尔（Henri Fayol）的职能分工理念进行参考的成果。

20世纪20年代，西方管理学伴随着工业化大规模生产而诞生，分为古典管理理论、新古典管理理论和现代管理理论3个阶段，在管理方式上分别经历了科学管理、人性管理及系统管理的发展历程。图1.16所示为西方管理理论在历史上的发展进程。

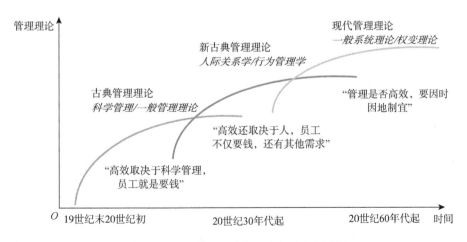

图 1.16 西方管理理论在历史上的发展进程

（一）"科学管理"：用大分工和标准化提升效率，用"经济人"需求激励员工

"经济人"假设的核心，是把员工当成个体进行管理，强调奖励和惩罚。

20 世纪初，弗雷德里克·温斯洛·泰勒提出"科学管理"的概念，主张通过推行标准化、流程化的作业方式，提高员工的生产效率，使公司和员工双方都获利。所谓科学管理，包含 3 大基本要素：时间、方法和工作规则。但科学管理将人视为机器，并不考虑员工在工作时的心理状态。弗雷德里克·温斯洛·泰勒认为员工工作效率的主要决定因素是薪酬，只要薪酬够多，员工的工作效率就高。

在科学管理理念的带动下，美国上百家企业加入制定最佳工作标准的行列，著名汽车品牌福特公司就是其中之一。福特的管理变革是首先将传统手工作坊升级为生产流水线，然后根据汽车的组装顺序，将不同零件依次放置于输送带上，让工人不必走动只需站立于机器一侧，边生产、边装配，流程的改进大大节约了时间和成本。据说，这套科学的方法使当时流行的福特 T 型汽车生产效率提高了 4000 多倍，组装时间由超过 12 小时缩短至 10 秒。也正因如此，福特汽车价格降低了 58%，让普通家庭可以负担，彻底改变了美国人的出行方式，成为家喻户晓的品牌。

与此同时，大规模生产一方面带来了标准化的管理，另一方面带来了设计组织的全新管理理论。被誉为"管理理论之父"的法国经济学理论家亨利·法约尔提出管理职能应根据专业领域划分，将企业活动分为技术、商业、财务、安全、会计和管理等 6 类，又将管理分为计划、组织、指挥、协调和控制 5 项职能。现在我们的企业中有了更加明确的职能分工，如战略部、市场部、人力资源部、财务部和运营部等，这也是受到了亨利·法约尔当年提出的管理理论的影响。同时期的德国经济学家马克斯·韦伯（Max Weber）提出了至今在许多大企业盛行的金字塔式组织结构，即科

层式组织。马克斯·韦伯认为，员工所需参与的决策越少越好，员工要充分信任管理者，员工只需听命于上级，企业就会经营得很好。

（二）霍桑实验：从"经济人"理论到"社会人"理论

"社会人"假设的核心，承认了团队和非物质激励的重要性。员工相互影响，金钱以外的激励——荣誉感、精神激励等也很重要。

"科学管理"被广泛应用，其缺陷日益暴露出来，即工人变成捆绑在流程中和生产机器上的"工具"，只能服从指令，无法主动创造价值，负面效应日益凸显，也越来越引发工人的不满和反对，大罢工、工人运动等历史性事件开始发生。

1927年，著名的"霍桑实验"拉开了新古典管理理论的大幕。这是在西屋电气公司霍桑的工厂内进行的一系列实验，得出了以下结论。

第一，团体归属感产生激励效果。员工认为，工作气氛活泼，可以自由交谈，也可以跟上司与实验者互动，他们是一个社会团体，同时也觉得自己很特别，所以他们想努力工作待在这个团体里，因此产生激励效果。

第二，尊重与认可带来激励效果。员工觉得自己的想法获得了尊重，能参与实验的规划过程，参与管理决策，并且提出的建议最终被公司采纳，可以带来激励效果。

第三，工作满意度带来激励效果。无论外在环境如何，员工喜欢他们特别的工作室，也喜欢提高生产率后能加薪，工作满意度因而大幅提升，带来有效激励。

"霍桑实验"及梅奥（Mayo）提出的人际关系学说，最终证明工人的工作动力不仅是物质激励，还有友情和归属感等社会性需求。由此，管理学激励的重点从泰勒的科学管理，正式转向梅奥的人性管理。梅奥理论的新假定中，有一项就是"薪酬并非唯一的激励来源"。事实也是如此，金钱被发现常常是相对无效的激励因素，这一点在我们的"Why Do We

Work"调研中也得到了验证。

（三）团队动力学：一个团队就是一个动力整体

团队动力学理论，提倡从整体出发去考察团队动力和场域能量。

1939年，德裔美国心理学家库尔特·勒温（Kurt Lewin）提出团体动力学（Group Dynamics）的概念，主要研究团队的氛围、成员关系、领导对团队的影响等。他借用了物理学中"能量场"的概念，来解释环境因素对人类行为的影响，认为行为就是个体与环境（或场域）双重作用的结果。他认为，行为并不取决于过去或将来，而是基于当下的事件和条件，以及个人当下的认知。而这些相互关联的事实组成了一个动力场，称为心理场。心理场就是个人如何看待世界的一个总结。

对于团队动力的问题，库尔特·勒温认为分析应该从整体出发，并尽可能较早地了解整体。库尔特·勒温认为一个团队就是一个动力整体，而整体本身并非各个部分的简单相加，任何部分的改变都会导致整体动力场的改变。团队和团队所处的环境共同构成了一个社会场，团队的行为取决于社会场及其内部关系。

（四）自我实现：自我实现与追求卓越

与中国的君子追求自我管理的理念相似，西方学者也认为人人都有自我实现和追求卓越的核心需求。管理不只要满足员工多层次的需求，还要激发员工自驱的动力。

20世纪50年代，心理学家、社会学者在看到内部变革带来组织效能提升的可能后，纷纷加入研究。组织的关注点由组织设计正式进入组织发展。比较有代表性的观点，来自心理学领域的美国社会心理学家亚伯拉罕·哈罗德·马斯洛（Abraham Harold Maslow）和领导力领域的美国行为科学家道格拉斯·麦格雷戈（Douglas McGregor）提出的理论。

1954年，"马斯洛理论"的提出进一步说明了人在有物质需求的同时还有精神需求。马斯洛认为，每个人都有基本需求和成长需求，更详细地由低到高分为生理需求、安全需求、归属和爱的需求、尊重的需求、成长需求、认知需求、审美需求、自我实现需求和超越需求。不同于传统认知，后来的学者在研究马斯洛需求时，认为每层需求并非简单的取代关系，而是层层叠加的关系。满足越多需求的人，可能越处于高层次的需求，但并非必须先满足基本需求，才会出现其他层次的需求。打个比方，吃不饱饭的人，也会有被别人尊重的需求；工资难以支撑生活的人，也会有属于自己的工作成就感。从组织激励视角来看，我们可以看到马斯洛理论从另一个侧面说明人的需求不局限于物质层面，还有社会性、精神及超越等需求。在开放的环境下，个体有内在的潜力去追求"自我实现"，受到认可从而实现自我。

美国人本主义心理学家卡尔·罗杰斯（Carl Rogers）认为，"生命的过程就是做自己、成为自己的过程"。他认为，每个人都有实现其潜力的内在动机和能力，只要有合适的环境和支持，人们都值得信赖。每个人都会自我激励，富有积极性和创造性。

马斯洛和卡尔·罗杰斯的理论认为，每个人都有自我实现和追求卓越的内在需求。一个组织只要给个体足够的支持，就能驱动个体实现自己所需要的价值。

（五）X、Y、Z理论：从"经济人"到"社会人"再到"自己人"，3种不同的激励理念

日本经济的腾飞，跟它的管理理念有很大关系。过去，日本企业结合长期雇佣的特点，创生出管理领域的"日本模式"。

与马斯洛需求理论同时期，道格拉斯·麦格雷戈提出了X理论与Y理论，与需求层次理论有着某种程度的不谋而合。道格拉斯·麦格雷戈通过对管

理者态度的深入观察，得出不同的管理假设，提出不同的领导力风格会带来不同的下属反应。

X 理论是基于"经济人"假设而命名的，这也是古典管理理论的假定前提。X 理论认为，人之所以工作，是为经济报酬和物质激励的"胡萝卜"+惩罚和强制管理措施的"大棒"的管理方式驱动的。其基本假设是员工是厌恶工作的，因此必须指导或逼迫他们工作。而 Y 理论认为金钱的激励效果是有限的，人更持久的工作动力来自被尊重和自我实现（高层次需求起激励作用）。也就是说，人愿意承担责任，且会在使命的驱动下主动工作。随着日本经济飞速发展，日本企业管理理念的优势与前者相结合，日裔美国学者威廉·大内（William Ouchi）又提出 Z 理论。它主张对人的关爱和重视，认为企业需要关心员工，给员工提供长期的雇佣合约，同时让员工充分地参与决策，双方形成一种命运共同体的关系。

X、Y、Z 理论都主张提供有效的激励手段。X 理论背后是奖励和惩罚，Y 理论背后是尊重、使命驱动和授权，Z 理论背后则是关爱和长期的合作、信任。表 1.2 所示为 X、Y、Z 理论的比较（来自图书《认识商业》）。

表 1.2 X、Y、Z 理论的比较

X 理论	Y 理论	Z 理论
员工不喜欢工作，会尽量逃避	员工视工作为生活的一部分	员工的参与感是提升生产力的关键
员工宁愿被控制、被指挥	员工比较愿意接受较少的控制和指挥	对员工的控制不明确、不正式
员工重视保障，不是责任	在适当的工作条件下，员工愿意主动负责	员工宁愿分享责任和决策
员工必须敬畏管理者	在不必敬畏管理者的工作环境中，员工会表现得更好	员工在充满信任和合作的环境中表现较好
以金钱报酬激励员工	对员工的激励，来自各种需求	员工需要有保障的雇佣关系，会接受缓慢的评价和升迁

这里需要特别提出，Z理论特别像"家人文化"或者"自己人文化"。一旦员工加入企业，便跟企业产生了紧密长期的关系，就像自己人一样，相互依靠，共同进退。

（六）权变理论："事成"与"人爽"也许可以并存

权变理论证明了管理并不只有一个逻辑，而是一个复杂的动态过程。就好像中国人所讲的和谐和均衡一样，在不同的情境下要用不同的管理方式。

1973年，美国管理学家费德勒·卢桑斯（Fred Luthans）提出权变理论，强调企业是社会系统之一，因此企业采用什么样的管理模式，需要充分考虑外部环境。例如，在经济衰退期，市场供过于求，集权的管理结构会更好；在经济繁荣期，市场供不应求，分权的管理结构更有利。如今，企业每过若干年就会根据环境和战略的变化进行重组和变革，就是在借鉴权变的思想和理念。同样，权变理论也关注优秀群体绩效的问题。

在领导有效性权变理论中，费德勒模型规定，组织情境与领导风格必须匹配，领导效能才会较高。费德勒将领导者与成员的关系、任务结构化程度、领导权力3种权变维度相结合，得到8种不同的环境。首先，领导者需要被自己最"不待见"的同事打分，如果打的分数高，说明其是关系导向型领导，如果打的分数低，说明其是任务导向型领导。而后，领导者需要和团队一起，从3个方面评估自己所处的环境——和员工的关系（好还是差）、工作任务的结构化程度（高还是低）和领导者的权力及威望（强还是弱）。图1.17所示为费德勒领导者有效性权变理论。

根据领导者有效性权变理论，如果工作的标准化程度高（类似麦当劳的工作，或者工厂流水线的工作）、领导和员工关系融洽、领导者的权力大（领导拥有人事、财务等决策权）3个条件都符合，或者在都不符合的情况下，则任务导向型领导更加有效。

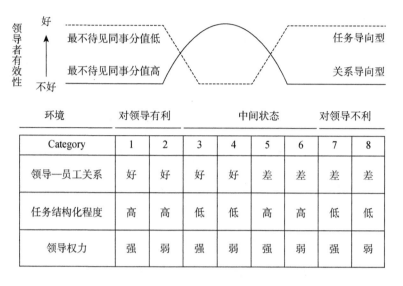

图 1.17　费德勒领导者有效性权变理论

类似于麦当劳、肯德基、工厂、快递行业等工作标准化程度高的组织，领导只要搞好员工关系、手里有权力，任务导向型的领导风格比较有效。试想一下你是工地的包工头，工地的工作比较简单，你和员工都是一个村的，关系不错，你也掌握了用谁不用谁的权力，这时只要强调保质保量按时完成任务，你的管理就会比较有效。在这种情况下，一切条件都对你有利，你只需一门心思把事儿做成，就会很有效。

类似于咨询、设计、研发、营销创意等工作标准化程度低的组织，领导和员工关系一般，领导权力也一般，任务导向型领导同样比较有效。试想一下你是 IT 研发部门的负责人，工作很复杂没法标准化，你和员工的关系不好，你也不掌握人事任免及奖惩等权力，这时你把注意力放在工作任务上（不必为了管理而管理），你的管理会比较有效。在这种情况下，一切条件都对你不利，你不如一门心思把事儿做成，反而更有效。

根据领导者有效性权变理论，如果工作的标准化程度高、领导和员工关系融洽、领导者的权力大，这 3 个条件中只要有 1~2 个不符合，那么关系导向型领导更加有效。

试想一下场景一，你是包工头下面的小队长，工地的工作比较简单，但你手里没有用谁不用谁的权力，工人对你也不太服气，这时你要是关系导向型领导，并且善于建立和维护关系，管理则比较有效。在大公司里，很多中层管理者都属于这种情况：手里权力很有限，与员工的关系也一般，工作既不是工地那种标准化程度很高的，也不是研发创意那种个性化程度高的。在这种情况下，管理者如果是关系导向型，则管理会更加有效。

试想一下场景二，你是 IT 研发部门的主管，工作个性化程度高、标准化程度低，你的权力一般，你和下属的关系也属于正常的同事关系。在这种情况下，你要是关系导向型的领导，管理会比较有效。

如果用最简单的语言解释一下权变理论的核心结论，那就是在一个对管理者十分有利或者十分不利的工作场景中，任务导向型的领导者会更加有效，而在其他工作场景中，关系导向型的管理会更加有效。

权变理论的另外一个重要结论是，如果领导者不适合某个场景，不一定必须替换领导者，而需对该场景的 3 个条件进行必要的改变，具体包括，改变领导者与员工的关系；提高任务的结构化程度，让任务变得简单、易执行；（通过获得上级更大的授权等）提高领导者的权威。

尽管权变理论不能完全匹配今天组织内部面临的问题，但权变理论为我们提供了一个动态视角。科学管理强调任务导向的流程、规则；而人性管理则强调团队内的人际关系和氛围。权变理论至少证明了两种风格都很重要且各有千秋。这在我们思考领导者对团队动力所起的作用的时候，了解领导者只会"做事"或只会"做人"都不是最佳选择，最好可根据整体的情况调整风格。

（七）系统理论：从系统角度理解组织

古希腊哲学家亚里士多德提出了整体的概念，他说"整体并非部分之和"。有人认为正确的翻译应该是"整体大于部分之和"。他的意思是为什么我们用一个整体来描述事物，因为无论事物由多少部分和多面性组成，它们不只是简单的部分之和，而是某种超越部分的整体。他还说，我们把事物定义或者解释为一个整体是因为它是一个单个事物的定义。

每个组织作为一个整体，是独特的系统。1937 年，美籍奥地利生物学家路德维希·冯·贝塔朗菲（Ludwig Von Bertalanffy）提出一般系统理论。他认为，企业是由许多子系统组成的，任何子系统的变化都会影响其他子系统和整个系统，因此需要"整体优化""合理组合""规划库存"。这些全新的概念后来也被应用于企业中。复杂系统动力研究最深刻的洞察是，不必直接干预有问题的成员，如果对这名成员所在组织的其他成员一起进行干预，并改变他们的行为，那么系统动力将发生充分变化，有问题的成员也会受到积极的影响。

组织作为一个系统，既有个人也有团队，既有管理者也有被管理者，既有部分也有整体。组织的动力既包括员工的个人动力，也包括整体的团队动力。

从系统的理念出发，当系统中某个部分发生变化的时候，其他部分也会随之变化，以保持系统平衡。当系统失衡时，就会导致崩溃，这个时候，需要从系统的角度，找到根本的原因，才能加以改进。

总体而言，西方的管理理论形成了现代企业管理的底层逻辑。"经济人假设"奠定了科学管理奖惩制度的基础；"社会人假设"及后来的需求层次理论，在科学管理的基础之上添加了人性化管理的因素。权变理论则反映了领导者要根据所处的环境，采取不同的管理风格。同时团队动力和场域能量等理论的发展，让西方的管理理论得到了"形而上"的升华，推动了动力场和系统理论的发展。图 1.18 所示为西方管理理论的精华。

图 1.18 西方管理理论的精华

第三节 问题答案：异曲同工的管理智慧——管理的底层逻辑

（一）东、西方管理理念总结——管理是什么

管理就是管人？管理就是理事？管理就是决策？管理就是用人？管理就是发好钱？管理就是沟通？管理就是激发？管理就是人性？管理是解决问题？管理是一门艺术？管理是服务，不是控制？……

过去这些年，关于管理到底是什么，我们已经听到过无数种答案。这些答案各有各的侧重，都有道理，只是作为唯一答案出现的时候，很容易把管理这个复杂的课题简单化，走入挂一漏万的误区。

从东、西方关于管理的底层逻辑出发，我们发现管理有 5 个重要的内核。表 1.3 所示为西方管理理论和中国管理思想的对比。

表1.3　西方管理理论和中国管理思想的对比

理想状态	·自我实现	·做"君子"	
动力场	·整体 ·相互关联 ·时刻变化	·守道 ·依法 ·讲称 ·知变 ·求无为	道
领导力/ 权变	·关系导向 ·任务导向	·爱民如子 ·以身作则	仁君
社会人	·归属感/安全 ·尊重/关爱	·礼节 ·规矩	德治
经济人	·物质激励 ·强制惩罚	·奖励 ·惩罚	法治
	西方管理理论	中国管理思想	

底层逻辑一：经济人/法治——要有奖励与惩罚。

无论是中国还是西方的管理理论，都把奖励和惩罚作为驱动个人的基本起点。无论是商鞅变法还是科学管理，首先做到的都是精确地衡量每个人的贡献，并给予相应的激励。对于赏罚制度，公平、透明大于一切，假如缺乏公平，赏罚只会适得其反。因此需要重点审视规则是否明确、赏罚是否公平、力度是否到位。

底层逻辑二：社会人/德治——要有精神和文化。

中国社会讲究礼节和规矩，人情世故遍布其中。在企业中，每个人都会遵循关系文化，在关系中明确自己的位置。当大家很融洽地相处的时候，个体的归属感便会加强，转化为团队的凝聚力和战斗力。而在西方的理论中，每个人都是"社会人"，都有社会需求，包括归属感、尊重、关爱等，这种需求只有与人相处才能得到满足，最终体现为团队内的人际关系和团队氛围。无论东方理论还是西方理论，都认为人除了物质需求，还有精神追求。善用这些看不见的力量，可以很好地驱动组织和个人。

底层逻辑三：动力场/道——管理要对整体负责。

无论是中国哲学还是西方理念，都讲究从整体出发思考问题。道家将阴和阳视作矛盾统一的整体，认为管理要遵循万事万物的规律（守道），要遵循完备的法制（依法），要知限度、求均衡（讲称），要柔软而无定形（知变），要和谐运转、不在对抗中彼此消磨（求无为）。西方管理理念则认为，团队氛围、成员关系、领导者对团队的影响等，会共同构成一个动力场，那便是团队动力。一个团队就是一个动力整体，任何部分的改变都会导致整体的改变。

底层逻辑四：领导力/仁君——管理者既要做人也要做事。

东、西方管理理念都认为，管理者对组织的影响巨大。中国人经常期待仁爱而有德的明君，这样的管理者懂得身先士卒，处处起到表率作用，同时爱护属下，愿意为属下付出真心。西方讲领导力，但也强调了领导力要根据实际情况进行权变，任务型管理者和关系型管理者的定义，类似于中国人说的做事导向和做人导向。权变理论的核心就是做事的时机和做人的时机。

底层逻辑五：自我实现/做"君子"——最高境界是无须管理。

人们有自我驱动和自我实现的需求。对管理者而言，最高境界就是发掘这种需求。在中国人的管理智慧中，一个有能力、有良知的人，都会力求做个君子。做君子的自我要求，远高于他人对他的要求和管理。在西方的管理理念中，每个人都有追求卓越和自我实现的需求。只要给每个人合适的环境和支持，他们就能自我驱动，努力实现目标。无论是东方还是西方，管理的最高境界就是"无为而治"，在规则下大家自行其是，做更好的自己。

（二）东、西方管理理念二次总结——发力的方向

由前面的介绍可以看出，管理既要法治，也要德治；管理要为整体负责；管理者既要做人，也要做事；管理的最高境界是激发被管理者的自发性和

主动性。

通过对东、西方管理理念的二次总结，不难发现，管理还有 3 个发力的方向。图 1.22 所示为管理的 3 个发力方向。

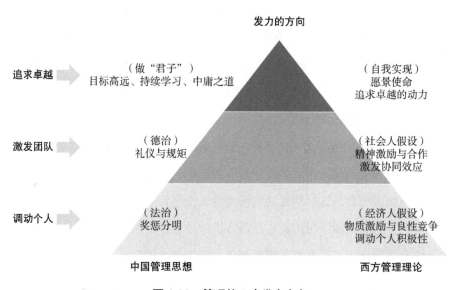

图 1.22　管理的 3 个发力方向

方向一：调动个人——法律/规则面前人人平等，个人赢就是集体赢。

法治/"经济人"假设的前提是人人平等，管理的颗粒度可以达到每个人。理想的状态是只要每个人都按规则办事，做好奖励和惩罚，整个组织、社会、国家就会井井有条。现实中完全调动个人的模式很难持续，不过每个组织都可以根据形势需要有所偏重，是调动个人还是激发团队。就好像秦国的法治模式，做到极致之后就是平民可以通过奋勇杀敌成为贵族，而贵族也会因为犯法而受到惩罚。商鞅变法如此成功，以至于到了"天子犯法，与庶民同罪"的地步，但因为得罪了贵族和太子，最后他自己也避免不了被施车裂之刑的下场。自从秦灭亡后，这种极致的人人平等的法治被后世抛弃。

方向二：激发团队——让人们相互协同、相互促进，集体赢就是个人赢。

德治 /"社会人"假设的前提是人们之间相互存在很强的影响，可以通过他们的相互影响达到管理的目的。管理的颗粒度是团队整体。理想的状态是设定好规则和潜规则，让团队成员之间按一定的规则产生联系，并达到整体期待的目标。采取激发团队模式的组织，往往从事大家必须通力合作才能完成的项目，在这种情况下更加看重团队作战，而不是个人。

方向三：追求卓越——激发超越自我的追求和动力。

德鲁克（Peter F. Drucker）说："管理的本质，就是最大限度地激发和释放他人的善意。"优秀的中国人希望成为君子，优秀的西方人希望超越自我，这都是管理可以借的势。如果一个组织中自我驱动的人占了一定的比例，管理就显得没必要了。不用管理就能达到管理的最佳效果，这是管理的最高境界，组织就能达到"不待扬鞭自奋蹄"和"无为而治"的目的。

第二章

动力魔方：组织中最重要的 10 个动力元素

在前面的章节中，我们讨论了管理的底层逻辑及管理的几个发力方向，这些讨论对人们理解管理的本质到底是什么、如何做好管理很有帮助，但我们还没有探讨哪种管理理念更加有效，以及不同的组织是否可以有更具针对性的策略。

在一次高中同学聚会上，有两个同学是教高中英语的老师，他们对什么是更好的教学发表了不同的意见。一个同学和蔼可亲，采取更加人性化的说服教育；另一个同学比较刚硬，采取半强制的铁腕手段。在饭桌上，他们都认为自己的教育和管理手段比较好，但谁都说服不了谁。最后大家只好说，要想分出优劣，只能比一下各自教的学生的英语高考分数。姑且不论应试教育本身的好坏，它至少有一个不可替代的优点，那就是用成绩说话。如果没有学生的成绩作为标尺，那么每个老师都会认为自己的付出很珍贵，自己的教学方法没问题。

这就引出来我撰写本书的目的——找到一个可以衡量组织管理效率的统一标尺，我把这个标尺称为"组织动力"。因为不管组织采用了哪种管理理念，使用了多少管理工具，最终呈现出来的是一种大家一起把事儿做成的能力和状态。这种能力和状态，就是组织动力。组织动力是一个组织围绕组织目标，让管理者和全体员工在一定的规则下相互连接形成的能量或力量的总和。

为了理解组织动力的差异，我们不妨以竞技体育为例进行分析。竞技体育的好处是规则完全一致，无论组织的规模是大还是小都具有可比性，这时组织动力的差异便被直观地表现出来了，那就是比赛的输赢。

第一节　NBA 冠军球队的秘密

篮球界最具观赏性和研究价值的联赛非 NBA（National Basketball Association）莫属。一场 NBA 比赛平均要打 96 个回合，球队之间通过快速的攻、防转换，反复检验自己的防守和进攻能力，直到筋疲力尽，双方分出胜负。其中胜利者固然可喜，失败者也会自知能力不足或发挥不力，坦然接受结果。每场比赛的胜负，都是球队当下效率和动力的直接体现。

在 NBA 的一个赛季中，有 30 支球队厮杀，通过 82 场常规赛，选出 16 支球队进入季后赛，而后通过首轮、次轮、东西部决赛、总决赛，最终决出冠军。赛季漫长且竞争残酷，胜负有很大的偶然性，但最终冠军花落谁家却是必然的。通常情况下，那些决策正确率高、犯错少的球队更容易获得冠军。图 2.1 所示为 NBA 历届冠军的排名情况。

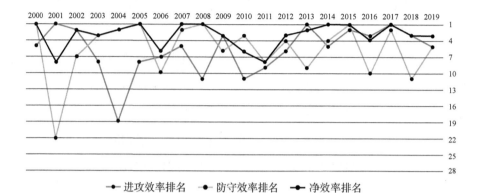

注：进攻效率为球队在每 100 回合能够得到的分数。防守效率为每 100 回合被对手攻下的分数。净效率为进攻效率值减去防守效率值。

图 2.1　NBA 历届冠军的排名情况

从上面的排名情况来看，我们可以得到以下冠军球队的动力模型。

模型一：进攻特别强，防守也不弱。（7 次冠军）

例如，2018 年的金州勇士队，进攻效率排名第 3，防守效率排名第 11。

模型二：防守特别强，进攻也不弱。（8 次冠军）

例如，2010 年洛杉矶湖人队，防守效率排名第 3，进攻效率排名第 11。

模型三：进攻和防守都不是最强的，攻守兼备。（5 次冠军）

例如，2019 年的多伦多猛龙队，进攻效率和防守效率均排名第 5，净效率排名第 3。

除了以上 3 种模型，冠军球队还具有几个普遍的特点。

首先是没有明显的短板。在 20 个冠军球队中，有 15 次球队的净效率排名赛季前 3；12 次球队要么进攻，要么防守，均排在联盟前 5。以进攻见长的冠军球队防守也不弱，以防守见长的冠军球队进攻也不弱。

此外，这些冠军球队都有自己的关键人物，如詹姆斯、诺维斯基、科比、韦德、奥尼尔，他们都是位列篮球史上 25 大巨星榜单的顶级球员，他们几乎决定着所在球队的成败。冠军球队中还有"三个火枪手"，他们几乎可以包揽整场将近一半的得分。

除此之外，这些球队自组建之初就目标高远——拿冠军。同时球队内部氛围融洽，除了关键球员，还有更衣室领袖，队员之间可以产生很好的"化学反应"。

从 NBA 冠军球队成功的经验中，我们也得到了重要的启发：第一，重要的不是某个方面很强，而是组织整体的综合能力比较强；第二，冠军并非只有一种能力模型，不同的能力模型都具有夺冠的可能；第三，冠军球队没有明显的短板；第四，冠军球队都有明确的目标、关键球员和良好的团队氛围；第五，冠军球队中都有关键球员。

第二节　管理视角与员工视角的组织动力模型

组织动力的来源有两个视角。一个是管理视角，主要强调管理对组织动力自上而下的作用力；一个是员工视角，强调来自员工自下而上的动力。本书强调的组织视角同时包括这两种视角，既有来自管理视角的牵引力，也有来自员工视角的驱动力。图 2.2 所示为组织动力的管理视角和员工视角。

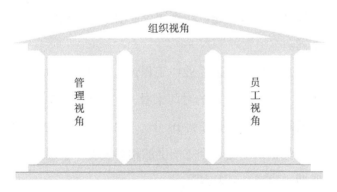

图 2.2　组织动力的管理视角和员工视角

（一）管理视角的组织动力模型

在第一章中，我尝试总结了东、西方的管理理念，并对共性的部分进行了总结和二次总结，其结果所展示的正是管理视角的组织动力来源。图2.3所示为东、西方管理视角的组织动力来源。

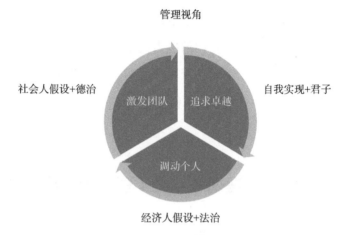

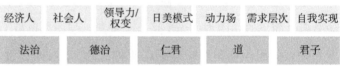

图2.3　东、西方管理视角的组织动力来源

根据东、西方的管理理论，管理视角的组织动力至少有 3 个来源：调动个人、激发团队和追求卓越。在不同企业的不同发展阶段，这 3 个来源的比重有所不同。

我有幸在 3 家非常优秀的企业中工作过：IBM、华为和阿里巴巴，它们都是行业的翘楚。从我在职的时间来看，3 家企业在 3 个方向上都有不同的表现。假设每个方向的满分为 10 分，表 2.1 所示为 IBM、华为和阿里巴巴在管理视角的组织动力 3 个方向上的相对表现（主观评分，完全来自作者个人在职期间的第一手观察）。

表 2.1 IBM、华为和阿里巴巴在管理视角的组织动力 3 个方向上的相对表现

方向	定义	IBM	华为	阿里巴巴
调动个人	奖罚分明，个人赢就是集体赢	6分：个人激励相对一般，相对公平、清晰	8分：个人激励明显，相对公平、清晰	9分：个人激励明显，"一人成军"
激发团队	让人们相互协同、相互促进，集体赢就是个人赢	8分：流程要求团队作战，不支持个人单干	6分：团队外合作，团队内竞争	5分：团队外合作，团队内竞争
追求卓越	激发超越自我的追求和动力	8分：智慧地球等概念的首倡者，曾经的行业领先者	8分：国内民营企业的佼佼者，民族企业的骄傲	7分：国内互联网企业的佼佼者，曾经的行业领先者

　　3 家公司管理的发力方向各有不同。IBM 是一家强调团队作战的公司，重视劳动分工和流程化，例如，营销序列能拆分成营销经理（负责营销策划）、营销执行（负责）和线索跟进等不同的岗位，每个岗位的员工都在岗位说明书的范围内体现自己的专业性。在 IBM，说某个人"很不专业"是一句很伤人的评价。华为在管理和流程方面全面学习了 IBM，在团队的分工和合作方面做得不如 IBM 专业，团队合作并非缺省项，很多时候需要项目任命书才能确认合作。在 IBM，团队合作是天经地义的事情。但华为在调动个人方面超过了 IBM 这个"老师"，用高薪激励吸引了不少人才。阿里巴巴在调动个人方面表现非常突出，这里的员工经常开玩笑说"一个人干出了千军万马的感觉"，也就是业界有名的"一人成军"。相比之下，阿里巴巴的团队合作不太好，团队之间、员工之间重复造车轮的现象比较多，环境好、业务发展好的时候这是好事，大家称之为"赛马机制"；当环境一般、业务发展遭遇瓶颈的时候，就会产生极大的资源浪费和内卷。

（二）员工视角的组织动力模型

　　为了找到员工视角的组织动力来源，在"Why Do We Work"调研开始前，我与几十位企业员工进行了深度交流。当被问到"到底为什么工作"时，

他们给出了这样的答案："挣钱养家""实现个人价值，毕竟读了那么多书""没别的，大家都得工作啊"……

于是在调研中，我把员工工作动力问题拆分为两个具体场景："什么情况下你会很有工作激情"，是员工工作动力的正面场景；"什么情况下你会毅然决然地辞职"，是员工工作动力的负面场景。最后通过汇总 2200人的回答，我总结出了员工工作动力的主要构成。

"Why Do We Work"中针对员工"激情和高效的动力因素"的调研结果如图 2.4 所示。

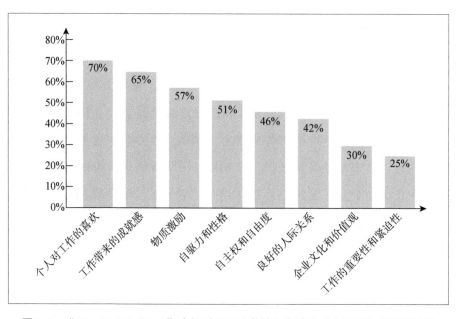

图 2.4 "Why Do We Work"中针对员工"激情和高效的动力因素"的调研结果

我对此很有感触。在很多个项目的推进过程中，我曾经连做梦都在工作，早上也几乎是弹跳而起，一边洗漱、吃饭，一边继续思考工作。到底是什么让我们如此激情饱满？调研的结果表明，大多数人喜欢自己从事的工作，工作本身也能为自己带来成就感，因此动力满满。令人惊讶的是，物质激励只是第三动因。自驱力和性格及自主权和自由度分别是第四和第五动因。这大概可以说明，领导者普遍过于强调物质激励，忽视了员工有很大一部分内在积极性来自工作本身创造的意义和价值、个人的自律，以及这份工作给他们的自主权和自由度。

美国管理学家彼得·德鲁克（Peter F. Drucker）曾讲过一个故事：有人问3个石匠在做什么，第一个石匠说我在谋生，第二个石匠说我在做全国最好的雕石工作，第三个石匠说我在建造一座大教堂。他认为，对企业和管理者来说，他们要做的就是让每个员工都成为第三个石匠，看到自己所从事的工作的意义和价值。

对于"毅然决然地辞职的原因"，大多数人给出的答案是"薪酬待遇太差"（见图2.5）。可见，待遇是最基本的动力保障，如果待遇很差，员工会毫不犹豫地辞职。而其他的答案与"激情和高效的动力因素"的答案遥相呼应，证明了工作的意义和价值、个人发展、职场氛围等因素可以让员工动力饱满。

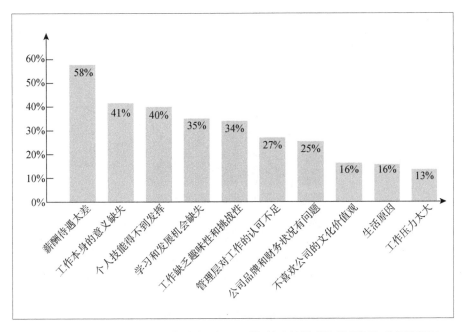

图2.5　"Why Do We Work"中针对员工"毅然决然地辞职的原因"的调研结果

把正反两个问题的答案进行同类合并、交叉验证后，就能得到 4 个员工视角的组织动力来源。表 2.2 所示为员工视角的组织动力来源。

表 2.2　员工视角的组织动力来源

归类	定义	比重
精神激励	工作本身的成就感、意义和挑战性；管理层的认可	167%
职场氛围	人际关系；企业文化；员工的自主权和自由度；工作压力	147%
个人成长	个人喜欢；技能的发挥、学习和发展	145%
物质激励	薪酬待遇	115%
其他	个人性格（自驱力）；工作的紧迫性和重要性；生活原因	92%

注：比重为各选项百分比的简单相加，实际数值没有绝对意义，仅供参考。

根据以上分析，员工视角的组织动力模型已经非常清晰了。除了个人性格等自驱力，其他与企业和团队相关的驱动力由 4 个方面组成，包括精神激励、职场氛围、个人成长和物质激励。任何组织在这 4 个方面可以有所偏重，但不可过于偏废。图 2.6 所示为员工视角的组织动力模型。

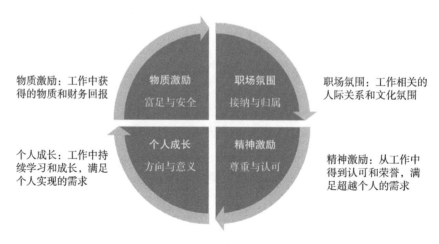

图 2.6　员工视角的组织动力模型

第三节　组织动力魔方

一、组织的 10 大动力元素

无论是什么样的组织，其组织动力都是一个整体，不仅包括管理视角的牵引力，而且包括员工视角的驱动力。在确定了这两个视角之后，我们开始了长期研究，以确定两个视角之下具体的组织动力元素。图 2.7 所示为管理视角和员工视角的组织动力元素。

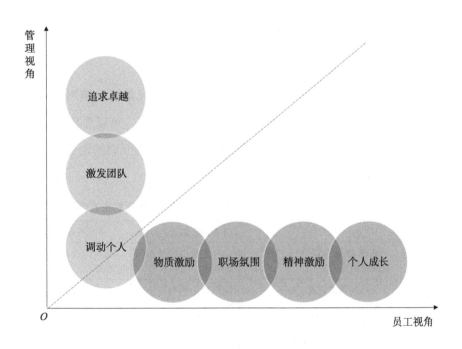

图 2.7　管理视角和员工视角的组织动力元素

得到"组织动力需要从两个视角来衡量"这个结论，我用了一年时间。为了确定两个视角中的每个环节包含哪些子元素，这一研究又整整持续了两年时间。在这 3 年中，我在锐仕方达董事长黄小平先生的协助下完成了对 2200 个员工的调研，完成了对 200 多位管理者和 HR 的一对一深度访谈，参阅了 100 多本心理学、哲学、社会学、系统学、管理学书籍，以及大量东、西方组织管理方面的优秀论文。

在研究进展到一年半的时候，关于组织动力的理论体系已经成形，这时完成这本书已经没有任何问题。但是作为研究者，我认为不经验证的理论体系没有办法指导实践，只是听起来很有道理，但不知道怎么应用。因此后面的一年半，我开始根据企业的实际情况对研究结果进行验证。我总共得到了 107 个企业的样本，用来验证组织动力模型是否可行，以及如何进行组织动力测评。

研究的难度远远超出我的预期，好在我是专业做研究的，有着 18 年对甲、乙双方做研究咨询的专业功底，无法容忍拿不到最终结果的研究，就这样一步一步走过来，完成了整个拼图。

研究的结果就是在每个组织中都有 10 个动力元素相互作用，构成了组织动力的全景图。从这 10 个动力元素的不同比重，可以看出一个企业的管理特点和管理效率。表 2.3 所示为组织 10 个动力元素的定义、管理视角和员工视角的含义。

表 2.3　组织 10 个动力元素的定义、管理视角和员工视角的含义

动力元素	定义	管理视角的含义	员工视角的含义
薪酬	薪酬待遇有竞争力，能有效激励员工	用富有竞争力的薪酬吸引并激励员工	用付出换取公平合理的回报
规则	公司的管理规范、公平、公正	用规则让组织高效地自行运转	在公平合理的环境中安心工作
工作本身	员工有一定的自主权，且从事的工作本身有价值、有意义	为工作赋予意义，给员工自主权和自由度	从工作中感受到价值，喜欢工作本身
接纳	员工有位置感、安全感和归属感	创造讲真话的协作环境	可以做自己并安心工作
认可	员工做出成绩能够被看见，遇到困难能够得到鼓励和支持	挖掘并发挥员工长处	通过工作获得认可

续表

动力元素	定义	管理视角的含义	员工视角的含义
交互	组织内沟通顺畅，有很好的团队协作	在信息和观点的交互中收获集体智慧和共享意识	从集体智慧和交互中获得信息和支持
成长	员工有发展空间，能获得个人成长	让成员拥有自我进化的能力	获得职场发展和个人成长
职场氛围	拥有积极健康的组织氛围；工作生活能够和谐发展	用良好的氛围激发团队	在健康向上的氛围中工作
关键人物	领导水平高，能够激励人心，做到众人行；领导的业务和管理能力强	卓越的领导或个人，能够带动组织和团队	跟优秀的人一起工作，取得超越个人的成就
愿景使命	组织有清晰的使命、愿景和战略；组织的事业有价值、有意义	用愿景和使命来感召员工追求卓越	服务于更大的价值和意义

二、组织动力魔方全景图

以上10个动力元素，既来自管理视角，又来自员工视角。管理视角和员工视角不过是每个元素的两面。10个动力元素相互连接，共同构成组织动力魔方。图2.8所示为组织动力魔方全景图。

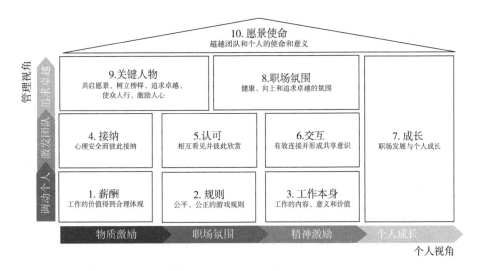

图 2.8 组织动力魔方全景图

三、侠客模式、乐队模式、混合模式及冠军组织

在梳理出组织动力魔方全景图之后，从 2022 年 8 月开始，我找到技术团队，开始了组织动力测评工具的开发和模式验证。我和团队一共完成了 107 个企业样本的采集，并验证了组织动力魔方的有效性。

在验证组织动力魔方有效性的过程中，我有一些有趣的发现。首先，不同组织的管理特点，完全体现在它的动力元素组合中。其次，出现了几种典型的组织动力模式，可以帮助我们找到主动设计组织动力模式的可能性。总的来讲，我有以下体会。

第一，企业的动力元素组合不同，可以体现每个企业在管理上的优点和不足。

第二，大多数企业虽然动力元素组合各有特点，但在组织动力模式上没有本质的差别，我们把大多数企业的组织动力模式称为"混合模式"。

第三，小部分企业在调动个人方面表现突出，体现在薪酬待遇好、工作分工明确、规则清晰等方面，我们把这类企业的组织动力模式称为"侠客模式"。

第四，小部分企业在激发团队方面表现突出，体现在员工归属感和安全感强、企业对员工充分认可、有良好的信息共享和团队协作等方面，我们把这类企业的组织动力模式称为"乐队模式"。

第五，在所有不同组织动力模式的企业中，有一小部分企业脱颖而出。他们在混合模式、侠客模式或乐队模式之外，在愿景使命、关键人物、职场氛围方面表现突出，我们把这类领导力出色、使命感强、氛围积极健康的企业称为"冠军组织"。

图 2.9 所示为组织动力模式。

大约 85% 的企业为混合模式型企业，还有 15% 的企业具有独特的特点，它们要么是侠客模式型企业，要么是乐队模式型企业，要么从所有企业中脱颖而出，即冠军组织。

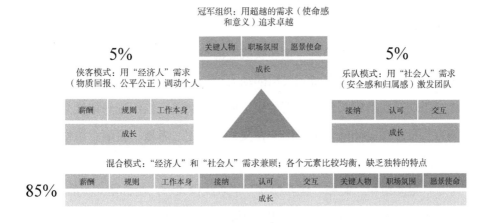

图 2.9　组织动力模式

"侠客模式"的特点是充分释放个体的主动性和积极性，让每个人都像"大侠"一样自发自主地工作。企业和团队想要实现这种模式，应该致力于寻找与组织相匹配的合适的人，赋予他们一定的责任、权利及合理的回报。反过来，团队成员则要勇担责任，为团队献上自己独有的技能。企业和团队的任务是让每个人都像"侠客"一样自主自觉地工作，而个体的任务是在"江湖"中找到自己的位置。总体而言，这是一种让双方订立"生死状"的模式，一方大胆授权，一方舍命狂奔，你情我愿，愿赌服输。在这方面做得很出色的企业，有机会在高速发展的行业中脱颖而出，最终处于领跑位置。

"乐队模式"的特点是充分释放团队的力量。企业和团队想要实现这种模式，应该通过调动每个"乐队成员"，实现信息共享、智能共享，采取一致的行动，相互配合、攻城拔寨，以赢得团队的胜利。在"乐队模式"型企业中并非没有"侠客"，只是"侠客"已经充分融入团队，扮演了重要的角色。此时，企业和团队的任务是从整体需求出发，找到"乐队"中缺少的角色；个体的任务是将自己奉献给团队，与其他成员共同带来精彩的"演出"。这是一种让双方订立"军令状"的模式，当个体置身于团队之中时，集体大于个人，所有人为了集体的荣誉而战，企业也不会亏待那些默默奉献的成员。

"混合模式"指的是"侠客模式"的特点和"乐队模式"的特点都不突出的模式。组织没有特别突出的动力组合，在不同的动力元素方面得分比较平均，在组织管理中面面俱到，但都不突出。组织既想依仗个人发挥能力，又想激发团队作战，因此在文化、制度、考核、薪酬、协作等方面均衡发展。

"冠军组织"是在"侠客模式""乐队模式""混合模式"的基础上，加载了上下齐心的精神力量，包括积极向上的团队氛围、带来"化学反应"的关键人物，以及高远的愿景和追求。可能的"冠军组织"有3种：侠客式冠军组织、乐队式冠军组织和混合式冠军组织。企业和团队想要成为冠军组织，应致力于打造团队的精神和气质，并匹配值得挑战的目标。冠军组织中的个体，往往受到宏伟目标和使命愿景的感召，并愿意为之全情奉献个人的能力。就像一支冠军球队一样，在争冠的共同目标下，所有人上下齐心，在教练或明星球员的感召和带领下，一步步走向冠军领奖台。

第三章

侠客模式：激发员工积极性，创造自由度高的团队环境

第一节　法治与人治：一管就死，一放就乱

　　试想一个常见的场景：孩子发高烧，需要去看急诊，你开车带孩子去医院。此时正值午高峰，你必须经过一个商业区的单行道，而在附近办公楼里上班的人都会在这个时间段出来吃午饭。这些人随意横穿马路，根本不会理会心急如焚的你。这时候你心里想的是什么？在想为什么不处罚这些不遵守交通规则的人吗？

　　再试想一下相反的场景：由于横穿马路的人太多，因此交通管理人员采取了强制措施——横穿马路的人每次罚款 200 元。人们发现，以前出门去对面超市穿过马路只需 3 分钟，现在还要绕路，走过一个过街天桥，需要 20 分钟。尤其是老年人，认为现在出门一点都不方便。这时人们开始

怨声载道，觉得这个管理措施缺乏人性。

很多时候，管理就处于"一管就死，一放就乱"的状态。我们希望凡事都有规章制度来约束，但如果凡事都按规章制度来做，又会少了很多便利和人情味。我们既要求有法可依，又要求法外有情；既希望晓之以理，又希望动之以情。这既是人性的一体两面，又是管理的一体两面。所有的组织管理，都是人治和法治的组合。

我们总能在人治和法治之间，找到每个组织的相对位置。法治和人治是管理中相互牵制的两端，绝对的法治和绝对的人治都无法长久持续。假如我们在人治和法治两个端点之间连一条线，那么侠客模式型组织出现在偏向法治的一端，而乐队模式型组织则出现在人治的一端。侠客模式的成功在于充分激发了个人的主动性和积极性，让每个人都像侠客一样自发自觉地工作。而要做到这一点，则需要一套完善的法治规则，包括有效的激励和惩罚、清晰而公平的游戏规则，以及赋予工作更高的价值和意义，但过于法治，则会导致弹性不足，"一管就死"。乐队模式的成功在于发动群众相互监督，用礼仪和道德约束每个人，让整个组织更加和谐，"自由度高，百家齐放"是它的优点，但过于人治会导致"一放就乱"，纪律涣散，一盘散沙。

例如，一个行业，如果发展之初就严加监管，就会导致创新和活力不足。如果一直放松监管，就会导致乱象不断、"杂草丛生"，因此需要掌握监管治理的尺度，这也是管和放的艺术。图 3.1 所示为人治和法治在管理中相互牵制的现象。

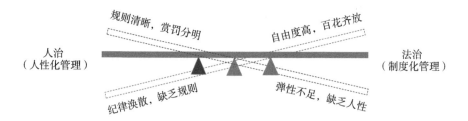

图 3.1　人治和法治在管理中相互牵制的现象

第二节 侠客模式的渊源：商鞅变法

我们首先从法治的一端开始讲起，以呈现侠客模式的特点。

战国时期，战国七雄之间纷争不断，决定国家竞争成败的两个要点是农业和人口。农业是当时最主要的经济来源，它决定了可以养活多少人口。而人口决定了战争的胜负，那时候两国打仗比的就是谁的人多。正是在这种社会形势下，秦国通过商鞅变法，迅速发展了农业，增加了人口，并最终统一了六国。

商鞅颁布变法法令的时候，在都城南门立了一根长3丈的木桩，并发布公告，谁把这根木桩从南门搬到北门，就赏十金。百姓并不相信，只是看热闹。而商鞅又把奖金提高到五十金，于是便有人搬走了木桩，并得到了奖金，这就是"商鞅立木建信"，商鞅希望百姓相信变法所说的奖励和惩罚都是真的。用规则说话、用奖惩的方式鼓励和禁止，正是侠客模式的核心精神。

商鞅变法包括废井田、奖励耕织和军功，以及实行连坐之法等内容，其中有3点值得关注：鼓励人们开垦荒地，开荒的人有奖励；鼓励百姓杀敌作战，普通人凭借战功可以成为贵族；强制推行个体小家庭制度，把大家族分成小家庭，以家庭为单位服兵役、缴纳赋税。也就是说，侠客模式的管理颗粒度一定要到最小单位。

商鞅变法之后，秦国的战斗力迅速成为七国第一，并快速统一了六国。商鞅变法是秦统一六国的起始，也是秦二世而亡的丧钟。当我们身处21世纪，站在企业管理的视角去理解商鞅变法的时候，不难发现管理的两面性：人治和法治。我们要通过法治找到效率和公平，也需要通过人治找到温度和人性。

商鞅变法开创了两千年来儒法之争的先河，儒家重人性而轻规则，法家重规则而轻人情。例如，"二十等爵"的规则激发了秦军斩获他国士兵首级的热情，在22场战役中总共消灭了175万敌军，客观上加速了六国的灭亡和秦国的统一，但从人性的角度来看，也点燃了百姓反抗的意识。到陈胜吴广起义的时候，"天下苦秦久矣"的口号起到了一呼百应的效果。在那个时期，秦国的法治和规则无疑是最健全的，并且刚刚统一了六国，正是大展宏图的好时机，却因为长期对人性的关注不足，导致强大的帝国轰然倒塌。

商鞅变法是侠客模式的雏形。商鞅变法让每个百姓都有了开垦荒地、上阵杀敌的热情，让每个人都有为自己而战的觉悟。用法律和规则、奖励和惩罚来激发每个个体，是商鞅变法快速成功的重要原因，而这种成功的模式在现代商业组织中并不少见。

第三节　侠客模式的团队：梁山好汉

从创业的角度看《水浒传》，它讲述的是一个侠客团队从无到有，再到被收购、被肢解，最终消亡的故事。

梁山的创业并非来自深思熟虑的战略规划，团队自始至终没有完整的"商业计划书"，也从没想过要"独立上市"。梁山的发展来自两个关键人物——晁盖、宋江。梁山原本只有3个头领，老大是王伦，而晁盖、吴用等人则是因为抢了杨志押解的生辰纲，在官府的追杀下被逼上梁山。最初王伦不愿收留他们，这时早就对"领导"心怀愤恨的林冲将王伦杀了，推举晁盖做了老大。在晁盖的领导下，梁山"合伙人"从11人发展到21人，并迎了宋江上山，此后团队继续扩充，最终在晁盖死前发展到90人。宋江上山之后，逐步进入核心权力圈并成为二把手，随后广开"招募渠道"，有专门投奔的，也有被挖过来的，还有被逼无奈上梁山的。当"合伙人"发展到90人的时候，宋江的影响力和追随者已经远在晁盖之上，此时晁盖被人一箭射死，宋江顺势成为一把手。后来梁山迎来了快速发展期，直到凑齐了天干地支 108 将。

回看梁山好汉的"面试"过程，基本上以下几种人会被优先录用。一类是体制内混不下去的能人，如林冲；一类是社会上混不下去的人，如时迁；还有一类是杀人越货的狠人，如孙二娘。总之，面试会先问"你是否真的没地儿去了"，再问"你敢不敢杀人"。如果两个答案都是肯定的，那么被录用的可能性便会更高。在这种宽进宽出的组织中，管理的难度可想而知。没有规矩不成方圆，梁山也发展出了自己的团队管理方式，搭建了一套自成体系的管理手段和系统。

第一，作为由江湖侠客组成的团队，都会有一个江湖大哥。从梁山的发展来看，这个角色非宋江莫属。大哥的存在有两个意义，一个是给大家指目标，一个是给大家讲规则。尤其是后者，在规则普遍缺乏的侠客群体中，大哥等同于他们的规矩和法律。

第二，有职级评审制度，否则同时"入职"的人会抱怨凭什么他人拿得多，前后"入职"的人会抱怨凭什么待遇不一样。为了解决这个问题，人们根据武功高低、功劳大小、男女长幼等江湖标准，前后几次为所有"合伙人"安排了座次。当然职级评审也由大哥说了算，确保了"老大"的人事任免权力。

第三，有相对公平的赏罚规则和裁决人。京兆府的文书裴宣上了梁山之后，担任了定功罪赏罚军政司总管，有了这个精通"法务"和"财务"知识的专业人才，梁山的制度化管理有了一定的保障。

第四，团队逐渐扩张后，"喝酒吃肉"已经无法解决发展方向的问题，需要有一个高远的目标把大家统一起来。这么多人天天打打杀杀的，不是长久之计。于是在水浒故事过半的时候，"替天行道"的大旗开始升起。"天"就是天子，"替天行道"自然就是帮助天子做好事的意思，这也意味着团队从"有福同享，有难同当"的山头文化，开始向士大夫的价值观看齐。

原因是大哥觉得团队想要独立发展没有希望，所以一心想要实现被并购的目的。"替天行道"是一种希望被收购的隔空喊话——"我都替你做事儿了，干脆把我收编得了"。

梁山这种桀骜不驯的团队构成，在被并购之后，成建制地进入更大的组织体系中一定会让人忌惮，因此被"肢解"是可想而知的后果。"肢解"的结果是，20个"合伙人"隐退江湖、10个"合伙人"做官，其余"合伙人"均命绝黄泉。

因此，我们可以从《水浒传》中看到侠客模式的雏形。一群侠客因为各种原因走到了一起，开始了合作经营、有福同享的创业。团队有了一定的规模后，大家论资排辈，并制定了一定的游戏规则。然而，当团队达到一定的规模后，始终没能通过自我进化找到独立发展的路径，只能一心想着被招安。而被招安之后被分化肢解，也是一种必然的结果。之所以说梁山这个团队只是侠客模式的雏形，是因为团队并没有建立起可以独立发展的目标及可以持续发展的规则，因此其失败是必然的。

第四节　侠客模式的成功典范：海底捞

在现代商业世界中，有不少采用侠客模式的企业走向了成功，创造了商业奇迹。这些企业往往身处高速发展的产业市场中，不缺乏高速增长的机会。企业通过诱人的待遇吸引所需的人才，同时建立一整套行之有效的管理规则，给人才施展拳脚的空间。这样的组织能够快速跨越"梁山好汉"的阶段，用傲人的业绩让世人刮目相看。

从组织动力的角度来看，海底捞是侠客模式的成功典范。在一个本来不盛产侠客的餐饮服务行业，海底捞成功地培养和激发了一大批侠客——店长，并通过充分释放他们的积极性，创造了业绩高速增长的奇迹。海底捞的店长培养模式，是中国连锁服务业中值得学习的典范。

首先，改变规则，包括考核过程和考核结果。

海底捞最初的做法还属于标准的科学管理，就是将产品和服务标准化、流程化，将突发情况减到最少。简而言之，就是规定详尽的 KPI（关键绩效指标）。例如，必须保持客人杯中的豆浆或水在一定的水位之上、必须给客人的手机套上手机套等。结果有些服务员为了达标，出现了客人不要服务都不行的情况。例如，客人说不需要添加了，那不行，必须强行加满；客人说手机不用套手机套了，也不行，必须偷偷套上。

不只是海底捞，很多组织在引入了科学管理的理念之后，变得僵化。在暴发新冠疫情需要严格管理人们的出入期间，有些小学生没有手机，无法扫描健康码，在出入小区时被保安拦住，因为保安认为"这是规定，我也没办法"。类似的情况在职场随处可见。海底捞的掌门人张勇发现了僵化执行的弊端之后，取消了 KPI 考核，改为更加软性的考核方式，并允许每个门店自由发挥。只考核客户满意度，由神秘顾客为门店服务打分，根据打分情况对门店进行评级（A、B、C）。同时，让店员拥有更大的自主权，可以自行根据客户需求提供个性化服务。这一改变彻底让店员从打工者变成了可以自主决策的侠客，充分激发了店员的想象力和工作热情。

多年前的某一天，我们在海底捞用餐时，碰巧同事过生日，海底捞员工得知情况后并没有验明真假（很多生日当天可以参加的活动都要求查看身份证），10 分钟后 3 个海底捞员工戴着生日帽、摇着气氛棒、推着点了蜡烛的生日蛋糕车、唱着生日歌来到我们面前。作为顾客，这次体验将"海底捞" 3 个字刻在了我的心上。

其次，寻找、培养和激励侠客。

对餐饮门店而言，服务员还不是最重要的侠客。张勇很早就意识到餐饮业成败的关键在于店长，因此如何找到店长、培养店长、激励店长便成为组织成功的关键。海底捞店长的工作之一，就是从服务员中寻找未来的店长。经过推荐，年轻的服务员进入人才库，一路经过"打怪升级"，一步步成长为大堂经理，最终成为店长。

海底捞的 CEO（首席执行官）杨利娟，以自身经历展示了从服务员到店长再到 CEO 的逆袭人生，被誉为"中国最牛打工人"。她的经历被报道描述为：16 岁辍学端盘子，17 岁进入海底捞，19 岁当店长，21 岁带领 100 来人开拓市场，30 岁担任副总经理，43 岁上任海底捞 CEO，可谓侠客之中的优秀典型。

海底捞培养店长的模式也很有特色，采取了中国传统的师父带徒弟的做法。既然店长的技能无法标准化，那就用人性化的方式来解决。海底捞设计了一套传帮带的培养方式，不只在培训中扶上马，还在实战中继续教练。在实践中，海底捞把每 5 ～ 18 个店捆绑为一个抱团小组，小组成员群策群力，为落后的店出谋划策。这些小组的店长之间大多有师父、徒弟和徒孙的关系。海底捞规定传帮带和利润分享均可以在三层师徒关系中体现，店长可以带徒弟和徒孙，同时分享徒弟和徒孙的绩效。在考核中，店长有两种可选的激励模式：第一种是自己管理餐厅利润的 2.8%；第二种是自己管理餐厅利润的 0.4%，加上徒弟餐厅利润的 3.1%，再加上徒孙餐厅利润的 1.5%。

大多数店长选择了第二种激励模式。在这一模式之下，每个店长都开始积极地培养徒弟和徒孙，并为提高徒弟、徒孙的店的业绩出谋划策。店长是连锁餐饮店最重要的人才资源，海底捞的店长培养模式为海底捞的快速扩张提供了人才梯队力量。在 2018 年上市前，海底捞只有近 270 家门店。到 2022 年上市之后，不缺资产也不缺管理梯队的海底捞，快速扩张至 1000 多家门店。

侠客模式的最大优势是侠客的自我驱动，同时这也可能变成侠客模式的最大漏洞。各自为战的侠客们在适宜的环境中能够快速发展，一起攫取市场红利。但在外部环境发生变化的情况下，舍命狂奔而又缺乏战略协同的侠客们，容易因过度扩张而付出代价，这便是战略层面的"合成谬误"。

正是因为如此，海底捞在新冠疫情、竞争对手崛起、消费习惯变化等多种因素的影响之下，并没有及时地调整战略打法，而是继续疯狂开店，导致2021年亏损41.6亿元。值得高速增长时期的企业学习的是海底捞培养店长梯队的逻辑和体系，同时需要避免侠客模式可能的缺陷。

第五节　侠客模式的动力魔方

对一家企业而言，启动侠客模式的"发动机"安装在每个员工身上。一旦侠客模式启动，个人就像赛车比赛中的赛车一样，全力向前。图3.2所示为侠客模式的动力魔方。

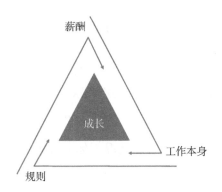

图 3.2　侠客模式的动力魔方

而组织想要采用侠客模式，只需要满足以下4个方面的条件。

第一，薪酬待遇要有吸引力，这样才能让员工自发自动地工作。

第二，要有明确的奖惩制度和规则，尽量消除模糊地带，用制度管人。

第三，做好分工，并让工作内容具有价值和意义，或者让员工享有充分的自主权和自由度，充分激发员工工作的热情。

第四，在所有模式的组织中共有的动力元素是成长。不管什么组织，个人获得成长是员工重要的工作动力之一。

简而言之，除了成长是 3 个动力模式共有的动力元素，侠客模式的核心是从钱给到位、规则清晰、工作有趣入手，充分调动员工的积极性。图3.3 所示为侠客模式动力元素(包括 3 个动力模式共有的动力元素)的具体内容。下面具体讲解侠客模式的 3 个动力元素。

钱给到位
挥舞物质激励的萝卜，
重视金钱的激励效应

规则清晰
强调优胜劣汰，游戏规则清晰、
公开、透明

工作有趣
强调工作的意义、
挑战和价值，让每
个人做自己的CEO

员工有成长
组织有发展，有良好的前景；
个人有成长，有自我完善的获
得感和个人成长的满足感

图 3.3　侠客模式动力元素的具体内容

一、钱给到位：让薪酬待遇有竞争力，能吸引并激励员工

获得金钱是人们工作的第一目标，也是企业激励员工最重要的手段。侠客模式的管理者相信"重赏之下必有勇夫"，即使薪酬不高，也可以用"包产到户"的方式，实现"按劳付酬，多劳多得"。

在我们的调研中，对于"什么情况下你会毅然决然地辞职"这一问题，钱没给到位是最多的回答。在被访者中，有 43% 被访者的存款只能支持一年以内的生活，有 41% 的人表示，在钱给够的情况下愿意接受"996 工作制"。

为钱所动是职场人跳槽的重要原因。我们通过对 400 名锐仕方达猎头的调研发现，在其他条件相同的情况下，竞争对手只要开出比原来高 15% 的薪酬，就有大约 50% 的一线员工会考虑跳槽，而中高层则有 20% 的人会考虑跳槽。

（一）金钱和非金钱激励的平衡

钱的激励效果取决于员工当下的关注点是不是钱。人脑无法同时专注于两件事情，高度注意某一方面，则对其他方面便关注得较少。完形心理学将人们的觉察分为前景和背景。如果组织和个人经常强调钱，那么钱就变得十分重要。当组织和个人开始关注其他元素时，钱就变得不再重要。因此，当组织用钱做诱饵的时候，员工会奔着钱而来。然而一旦钱给得少了或者收入受到影响，那么员工的流失率就会升高。反过来，如果双方都认为按劳付酬是天经地义的事情，那么组织会更加关心员工的成长和工作本身的意义，如员工培训、工作的客户价值和社会价值等，而员工也会被这些因素吸引，动力组合会更加平衡。

组织需要在金钱和非金钱的激励元素中找到整体平衡，员工也需要在金钱收入和非金钱收入中找到整体平衡。在钱给够的情况下，要更加注意工作本身的意义、员工的精神需求和员工个人成长的建设。管理者不能滥用和夸大金钱的激励作用，而是让员工在工作中找到纯粹的乐趣，同时关注员工的精神需求和学习成长的需要。

如果企业过于强调金钱激励，则有可能会带来适得其反的效果。我们的组织动力测评发现，薪酬高不等于组织动力高，薪酬低也不等于组织动力低。薪酬对组织动力的影响，取决于与其他元素组合的整体效果。

美国心理学家德西（Deci）和瑞安（Ryan）提出了自我决定论，其中有一个重要的观点是，当一个人从某项活动中得到纯粹的价值和快乐时，会产生健康而持续的内在动机。内在动机会让个体持续感到自由和拥有自主权，从而乐此不疲。当我们用奖励或惩罚来促使这个人从事某项活动时，会产生外在动机，而外在动机会导致人们失去主动性和自驱力。

与其一味地夸大薪酬的魔力，可能还不如鼓励员工合理搭配工作和休息的节奏。我曾有意尝试过 52 分钟工作与 17 分钟休息的搭配，效果很不错。但真正的难点在于能否真正做到 17 分钟的休息。以健康女性穿高跟鞋走路的平均速度计算，每分钟可以走 80 米，17 分钟可以走 1360 米，足以绕行很多办公楼一圈。因此，不妨大胆倡导推行"绕行一圈"行动，鼓励员工每小时绕行办公楼一圈，可能会有很好的提效功能。

另外，研究证明，当人们全神贯注地投入工作时，更容易产生心流（Flow）体验，而心流体验来自员工的内在动机，而非薪酬激励带来的外在动机。

（二）薪酬激励要注意系统平衡

薪酬水平决定了组织动力模型的底色。薪酬的高低直接决定了企业动力元素的组合方式。钱给得多了，其他的就可以少给一点；钱给得少一点，其他的就需要多给一点。正是因为金钱对所有人都重要，所以我们把它视为第一个动力元素，然后根据一个企业的薪酬激励水平来评估其他元素的搭配。图 3.4 所示为侠客模式动力元素的比较。

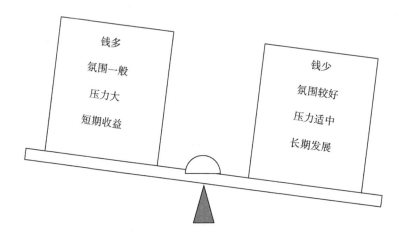

图 3.4　侠客模式动力元素的比较

如果收入多，其他方面得到的就会少。某大厂素来以工作富有挑战性、工作和生活不平衡而闻名。为了方便员工全心全意地工作，工作所在地往往并非家庭所在地。但该组织的应聘情况向来很好，离职员工少有抱怨。其原因也很简单，钱给得到位。员工的平均薪酬比一般企业高很多，对很多人而言，这无疑具有巨大的吸引力。无论是否主动离职，组织都会按

"*N*+1"赔付，在这样的待遇下，员工即使在其他方面有诸多怨言，也会选择隐忍。有人调侃说："钱给得多了，你不是人才也能变成人才。"

如果收入少，那么其他方面得到的就会多。某全球著名的 IT 企业薪酬水平只处于行业中等水平，但不乏稳定而忠实的员工，其吸引力来自人性化的管理和整体的性价比。曾经在这家组织工作过的员工，共同的感受是企业对员工充分尊重，还有融洽的工作氛围等。已经在该企业干了 15 年的某员工说："首先，我最喜欢的还是这里的同事和工作氛围。同事的素质都很高，大家三观很正，很少有让人觉得恶心的人，相处起来比较融洽。人际关系也比较简单，大家的注意力都在工作上。组织会鼓励你大胆去表达专业的意见和建议，大家都会认真地听。另外，组织的平台也很大，如果在一个部门干得不开心，在组织内部有很多工作岗位，你有很多转岗的机会。除此之外，就是相对来讲管理比较人性化，没有人天天盯着你上下班有没有打卡，在家里办公也很灵活，只要不影响工作就行。薪酬的确没啥可炫耀的，但整体来讲比较适合我。"

（三）薪酬激励需要注意得失对等

用薪酬激发员工动力需要注意员工的得失对等。对企业而言，付出薪酬要得到员工相应的回报。对个人而言，自己的投入要得到相对公平的薪酬。企业通过给员工高于市场价的薪酬，提升引才吸引力并刺激员工积极工作，而员工则通过不断提升个人能力，来获得更大的议价空间和职场竞争力。

从心理学上讲，当我们合理的付出得到公平的收获时，会产生轻松而自由的愉悦感。我们不会感到焦虑和不安，也不会感到不公与愤懑。对组织而言，得失对等意味着给员工薪酬的同时，得到合理的回报，避免"工资拧螺丝，工作造火箭"，或者"工资造火箭，工作拧螺丝"的局面。对个人而言，不仅要关注工作中得到的收入，还要从工作中全方位吸收和成长，收获工作的价值和意义，让自己始终处在持续成长的状态当中。

对管理者而言，要杜绝无论员工怎么付出都是理所应当的心态。而对员工来说，要杜绝不劳而获的思想。从长期来看，收入大于能力，并非好事。图3.5所示为薪酬与个人能力之间的关系。

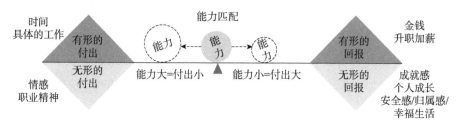

图 3.5　薪酬与个人能力之间的关系

需要注意的是，当收入大于能力的时候，个人往往会在众目睽睽之下加倍努力，一方面需要赢得领导和同事的认可，另一方面也需要安抚自己的各种不自信和担心。长期在高压之下工作，会让人身心俱疲。我们要勇于挑战高难度的工作，同时也要客观评估个人的实力和承受能力。在那些高薪又高压的组织里，你总能看到40岁左右一头华发的职场人。他们中很多人为工作奉献了最好的年纪，也没有什么可以滋养生命和生活的业余爱好。这样的方式是否要继续，值得深思。

社会生物学家爱德华·威尔逊（Edward O.Wilson）说过，为了经济利益而毁掉雨林，犹如为了煮饭而烧掉一幅文艺复兴时期的画作。为了经济利益而过度燃烧生命，何尝不是如此？

总体而言，在薪酬方面，组织和个人都要遵循"系统平衡""得失对等"两大原则。对组织而言，意味着要全面评估组织的动力元素组合，提供与整体系统相匹配的薪酬待遇。同时，根据员工的薪酬待遇，设置合理的业绩目标和考核方式。对员工而言，要学会从整体、全面和长期的视角，去评估对工作的付出和收获。既要看到短期收益，又要看到长期发展；既要看到自己，又要看到别人和更大的整体。同时要不断提升个人能力，提高职场竞争力。

二、规则清晰：让管理和规则／潜规则公平公正

侠客模式的正常运行离不开规则和潜规则。其中，规则是贴在墙上的规章制度，是基础的组织运营和管理的规范标准；潜规则是决定组织氛围的看不见的部分。规则保证了一个团队日常运营的下限，潜规则决定了一个团队活力和发展的上限。

规则包括规章制度和明确要求。规章制度是组织遵循国家的法律制度，根据组织的情况制定的一系列管理制度，包括人事管理制度和财务管理制度等，涵盖了考勤、差旅和保密等跟员工直接相关的制度。要求则是管理者为了规范员工行为、提升员工工作效率、保证员工工作质量而提出的相关规定。

潜规则并不特指明面上的文化价值观，更多的是约定俗成的职场游戏规则。图 3.6 所示为团队存在的基础和团队运行的规则体系。

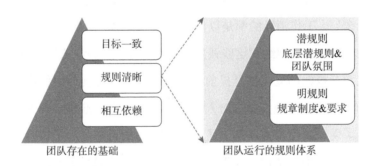

图 3.6　团队存在的基础和团队运行的规则体系

规章制度是体系运行的基本保障，平时感觉不到，出事的时候便会发挥作用。想象一下小张每天开着车去上班，在路上遇到红灯停，遇到绿灯行，并没有感受到交通法规的约束和不适。但这一天小张逆行不小心撞到了骑车的路人，交警根据交通法规，对小张进行了处罚。

每家企业都有规章制度，但有的让人感觉井然有序，有的让人感觉杂乱无章。对于没有明文规定但还在起作用的部分，人们有时会称之为"企

业文化"或"团队氛围",此处统一用"潜规则"进行论述。规章制度失灵的时候,潜规则就开始起作用。在组织里,出了事找规章制度,平时靠潜规则。潜规则体现了一个组织的和谐程度和管理水平。

(一)规则太少容易混乱,规则太多容易僵化

常见的一个悖论是,规则太少容易引起混乱,而规则太多则容易使管理变得僵化。缺乏规则的组织,优点是灰度和弹性很大,员工有很大的自由度和发挥的空间。但问题是员工容易各自为战,难以形成合力。另外,工作缺乏标准,良莠不齐,做好做坏差不多,浑水摸鱼的情况很常见。这样的组织对个体主动性、自觉性和专业能力的要求很高。

在我们的调研中,有一个从体制内跳槽到互联网企业的高管说:"现在的工作感觉就是没有规则。在工作中会遇到各种困难,而组织认为遇到困难就是你没做好,组织不会对你个人有什么支持,所有人都会问你:'你能贡献什么'。工作消耗的都是以前的积累和资源,消耗完了你就得走人。这个感觉是双向的,你给我这些钱我就干这些事儿,没有必要给你多付出。工作变化和汇报线的变化都是提前一天被告知的。之前的组织都是提前一个月告知大家的,至少要显示对人的尊重,让人有所准备,确保工作不能掉在地上。现在工作都掉在地上了。所有工作的人都是为了钱吗?来的时候是为了自由、扁平结构、能干点事儿,觉得能做成很多事情。来了以后发现并非如此,大家各自出去试,组织也不给什么资源。"

反过来,过多的规则可能给组织动力带来伤害。有些组织除了正常规定员工上下班时间,还会规定员工吃饭、上厕所的时间。有的组织虽然没有明规则,但潜规则是领导没有下班,下属就不能下班。新冠疫情期间,很多员工居家办公,据说有人被组织用摄像头远程监控。组织规定太多、管得太严,给人"上管天、下管地、中间管空气"的感觉。对员工而言,感受到不被信任、不被尊重,其工作效率可想而知。

在我们的调研中，有一个在法资外企干了 10 多年的老员工说："新来的经理来自以苛刻管理著名的某友商，并把前公司的做法带到了我们这里。他来了以后宣布，大家上班期间不能看手机，并举例说最近上海有个同事就是因为看手机，被公司发了 warning letter（警告信）。这个人不承认他上班期间玩手机，但组织调出监控证实了这个情况。现在北京这边的办公室也安装了监控，经理要求大家注意一点。然而北京安装的监控摄像头只覆盖了个别人，跟领导关系比较好的人都在监控范围之外。另外，公司强调不定时工作制也必须保证每天工作 8 小时。所以我每天送完孩子第一个去公司，下午一凑够 8 小时就下班，一分钟都不愿意多待。"

（二）企业最重要的两个潜规则

用规则激发员工动力需要重视潜规则的作用。一般来讲，组织有两大底层潜规则，一个是鼓励竞争还是鼓励合作，一个是长期主义还是短期主义。组织是选择打造竞争文化还是选择打造合作文化，决定权不在个人，而在组织。同样，组织是选择坚持长期主义还是强调短期主义，决定权也在组织。这里以后者为例，阐释一下明确潜规则的必要性。在强调短期主义的组织中，组织和个人之间，以及个人与个人之间处于一种短期关系，各方都有更大的灵活性和自由度，大家各取所需。而在坚持长期主义的组织中，各方更关注关系的长期经营，彼此有更长期的承诺。图 3.7 所示为短期主义和长期主义的潜规则。

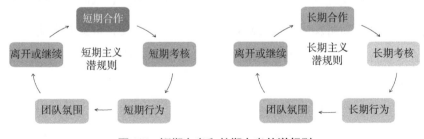

图 3.7　短期主义和长期主义的潜规则

强调短期主义的组织，倾向于与员工保持利益交换关系，并用短期考核的方式考查员工绩效，一般以半年、一年为期，如果不合格则予以辞退。对员工而言，为了生存会做出一系列短期行为，如销售人员"涸泽而渔"的做法。在团队中也会呈现特定的"生人社会"文化，人们不关注长期的人际关系，人与人的交往比较浅，更多的是以利益交换为基础的合作和协同。在强调短期主义的组织中，不要过度追求团队合作和员工的忠诚度，因为底层规则不支持。

坚持长期主义的组织，倾向于与员工保持长期合作的关系，组织也有短期考核，但不鼓励辞退的做法。对员工而言，在工作中短期行为和长期行为并存，但因为团队中存在相对稳定的"熟人社会"文化，员工会更加关注形象，更加关注团队合作，人与人的交往比较简单。在坚持长期主义的组织中，不要过度追求员工之间的良性竞争，因为底层规则不支持。

在管理实践中，任何潜规则一旦过度，都会陷入僵局。内部存在过度竞争的组织将陷入内耗，而内部存在过度合作的组织将陷入吃大锅饭的局面。长期主义和短期主义一样，过于坚持长期主义，将牺牲员工的灵活性和创新性；过于强调短期主义，将牺牲员工的归属感和稳定性。物极必反，组织应注意动态调整，引导潜规则向更加健康有利的方向发展。

坚持长期主义的组织应主动求变，提高组织的活力，具体的方式有：主动进行战略调整和组织调整；对不同工种采取短期考核的方式，如销售岗位；鼓励内部转岗，对高层人员采用轮岗制。强调短期主义的组织，提升稳定性的做法则是：不轻易裁人，鼓励内部转岗；对不同工种采取不同的考核方式，如研发岗位适合长期考核；人变事不变，事变人不变，也就是说可以在战略不变的情况下调整人，或者在团队不变的情况下调整战略，避免人事巨变带来的震荡。

对员工而言，身处坚持长期主义的组织，要抛弃短期之内升官发财的想法，找到一个长期的赛道深度耕耘，培养一个爱好，提高工作和生活的幸福感。若身处强调短期主义的组织，则要认真工作、加强学习，在有限的时间内扩充自己的所学和所得，为下一份工作做好准备。在需要离开组织的时候，不要纠结，不要怨恨，带着感激之情继续前行。

（三）规则要公平公正

用规则激发员工的动力，一定要讲求公平公正。组织的公平公正首先要体现在奖惩和晋升制度上。公平公正不仅取决于组织对待员工的做法和客观事实，更取决于员工横向对比产生的主观感受。首先，要营造公平公正的环境和氛围。其次，拉大薪酬差距的做法要慎之又慎，尽可能在公平的前提下进行。除了薪酬待遇，组织也要关注用人、晋升方面的公平公正，不要让不公平现象影响到整体平衡和员工的感受。例如，组织中一个资历和能力不足的同事获得了晋升，会严重影响整体平衡，从而影响组织的动力。在用人方面，"小马拉大车"和"大材小用"是两个极端现象，一旦出现，不仅不利于释放个体动力，对组织动力也是一种损害。

（四）规则要符合人性

规则要符合人性，激发人性的善。人性有善有恶，规则逃不脱人性，但可以更大限度地激发人性的善。利他行为也来自生物本性。第一层利他行为是为亲人自我牺牲，例如，很多人为了家庭而消耗自己，正是这种生物本性的体现。第二层利他行为源自利己，例如，个体与组织利益的捆绑，使个体愿意为组织努力工作，只有组织好了，个人才能好。

追求超越也是人的本性之一。人性有善有恶，好的组织和规则应该致力于激发人性的善。当个体来到组织中时，会立刻被带入具体的情境和角色扮演之中，其行为很快会随之改变。例如，有人在一家组织工作短短几个月之后，身边的人说："我发现你自从进了这家组织，好像变了一个人一样。"这便证明了组织环境变化对个体潜移默化的影响。

但是，很多行为已经无法简单地用善与恶来描述了。处在某种情境中，做出伤害行为的人会认为这只是职责所在，自己并不是坏人，也没有恶意。当自己成为伤害行为的受害者时，也会觉得这是游戏规则的一部分，可能并不能意识到事态的严重性。

种种职场怪象就是这么产生的。身处其中，很多行为自然而然地发生。组织最好将那些看似合情合理，实际上具有潜在危害的具体情境和行为找出来，给出明确的规则，以规范团队的行为。图 3.8 所示为善与恶的具体内容。

图 3.8　善与恶的具体内容

（五）规则要尽可能明确

规则要有明确的指引作用。方向性规则不宜太多，但适用于很多场景，如"个人服从集体""少数服从多数""一切行动听指挥"。行为要求要尽可能场景化、具体化。例如，团队主管强调今年团队要"落实服务意识"，但是团队始终不知道怎么样才叫落实了服务意识。

团队可以通过讨论，明确一定时期内需要遵守的规则。例如，在团队内树立榜样；24 小时内处理团队中的不同意见和矛盾；鼓励坦诚、直接、建设性的沟通；信任队员，并让自己值得信任。

如果组织发现某种潜规则已经比较明显了，就需要认真讨论一下是否要把它明确化，让它浮出水面。例如，有的时候组织已经形成了靠员工个人单打独斗的潜规则，不妨制定规则，更好地赋能和支持员工单打独斗；反过来，有的组织已经形成了单打独斗的潜规则，却还在提倡团队合作，这就会造成规则的冲突，不仅会导致管理失效，还会伤害组织动力。

三、工作有趣：让员工从事的工作本身有价值、有意义

沉浸于工作本身，就能使人快乐。心理学家米哈里·契克森米哈赖（Mihaly Csikszentmihalyi）一直在研究人幸福的原因，他提出了心流的概念：心流就是完全沉浸的忘我的状态，以及随之而来的极大的幸福感。研究发现，人们在工作中比休闲时更容易进入心流状态。在工作中，当面临高于平均值的挑战、需要调动高于平均值的技能时，人们就很容易进入心流状态。心流状态的感受包括：积极、有创意、专注、有动力和强烈。研究表明，在工作中，人们 54% 的时间处于心流状态，休闲时（聚餐、社交、看电视等）则只有 18% 的时间处于心流状态。

在我们的调研中，受访者提到了多个喜欢当前的工作的原因：自主权和自由度、工作本身的吸引力、能够发挥所长、人际关系和工作氛围好等。自主权和自由度是提到最多的喜欢当前工作的原因。组织要给员工让渡一些自主权，并让他们拥有一定的自由，可以很好地激发员工的积极性。

（一）让员工做自己的 CEO

用工作本身激发员工动力的第一个方法是，鼓励员工做自己的 CEO。自主权和自由度意味着组织要给员工充分的自定义工作的空间，对员工而言，就是要"做自己的 CEO"。

管理大师彼得·德鲁克（Peter F. Drucker）说，为了有一个更有意义和

令人满意的职场生涯，每个人要管理好自己。而"管理好自己需要每个知识工作者像 CEO 一样思考和行动"。在采用侠客模式的组织中，每个个体都是自我负责的侠客，他们用心工作，一心为自己经手的所有工作盖上个人荣誉和个人质量认证的戳。正如彼德·德鲁克所言，他们"关注成就，而不是金钱"。在侠客看来，无论工作大小，无不是个人荣誉和个人能力展示的舞台，他们引以为豪的，是个人的标准超越了客户和领导的需求，每次项目的完成都有"降维打击"的快乐。如果做不到，他们也会大胆说不。但无论他们做什么，他们的关注点不仅有当前工作的利益得失，而且还有个人的成长和完善，以及长远的职业发展。

（二）让员工为更大的意义工作

用工作本身激发员工动力的第二个方法是让员工为更大的意义而工作。德国心理学家伯特·海灵格（Bert Hellinger）认为，我们应当像对待母亲一样对待我们的工作，像尊重母亲一样尊重我们的工作。在为生命服务的工作中，我们创造了一个更宏大的自己。只有在为更大的意义而工作的时候，我们才能充分感受到工作的价值。组织和团队也是如此，组织和团队要服务于更多的生命、更大的体系，当组织和团队服务于更大的目标和意义时，团队会更有使命感和动力。

更大的意义也需要鼓励员工一起寻找和思考。《驱动力》一书中提到了谷歌等组织关于用"20% 的时间"去做更有意义的事的创新。2004 年，谷歌联合创始人拉里·佩奇（Larry Page）和谢尔盖·布林（Sergey Brin）提出了"20% 的时间"项目："我们鼓励员工在他们日常的工作之外，花20% 的时间在他们认为最有利于谷歌的项目上。"据报道，谷歌新闻（Google News）、谷歌广告联盟（AdSense）、谷歌邮箱（Gmail）、谷歌纸盒 VR（Google Cardboard）、谷歌应用（Wear OS）都是该项目的成果。然而，对于"20% 的时间"项目的利弊，业界也有争议。例如，在谷歌工作过的雅虎 CEO

玛丽莎·梅耶尔（Marissa Mayer）曾经说过，20% 实际上是 120%，也有人声称该项目更多的是噱头。无论如何，给员工 20% 的时间去寻找更大的意义，本身就是很有意义的尝试。

（三）保持工作的挑战性和新鲜感

用工作本身激发员工动力的第三个方法是保持工作的挑战性和新鲜感。在心流实验中，当人们接受了高于平均值的挑战，动用高于平均值的技能时，更容易进入心流状态。这个描述非常恰当地表达了对"合适"的工作的要求：任务有一定的挑战性——高于平均值；个人有能力应对；动用了高于平均值的技能。过度的挑战会引起身心的倦怠——一种"死机状态"。因此，工作的挑战要符合"跳着摘苹果"的原则，"使劲儿跳起来刚好能够着"苹果，才是我们能摘到的最好的苹果。

接手一项新工作后，近 70% 的受访者会在两年内失去热情。在对"接手一项新工作后，你一般多久会失去最初的热情？"的调研中，我们发现，41% 的受访者在一年内便会失去最初的工作热情，28% 的受访者的工作热情会维持 1～2 年，31% 的受访者的工作热情可以维持 3～5 年。在"失去热情的原因"中，排在前五的是"工作本身""领导原因""个人原因""发展前景""工作氛围"。从个人成长的角度来看，在面对一项全新的工作时，一个人开始快速地在学习曲线或练习曲线（Practice Curves）上爬升，学习新的技能或者知识。然后在同一工作岗位待 2～3 年，个人的学习曲线开始变平，新的学习和成长开始变慢。

因此，管理者要善于通过调整战略、组织和任务目标，不断地为工作赋予新的挑战和意义，也可以通过有规律地轮岗、转岗等方式，激发和保持员工对工作本身的兴趣和热情。员工也需要不断地找到新的方向和目标，以获得更大的成长。

（四）把注意力放在工作上

总体而言，要让员工把注意力放在工作上。无论是管理者还是员工，首先要把注意力放在工作上，始终把"事成"作为"人爽"的前提。管理者与员工的关系，也应该首先基于工作需要，不要让太多其他因素破坏了职场关系。在工作中，有一种不好的管理倾向，那就是管理者对员工的一切评头品足，包括性格、信仰、爱好、思想和观点等。请记住，在采用侠客模式的组织中，组织和员工（侠客）之间的关系，本质上是一种在同一个游戏规则下等价交换的关系。员工给组织某种结果，组织给员工回报。双方都要注意公私分明，在工作中要做到责权利分明，不要让私交和关系影响到整体的公平公正和氛围。

组织对员工的要求也不要超出工作所需的范畴。彼得·德鲁克说："雇员的性格与雇主没有任何关系。雇用是为具体的结果而设立的具体的合同……任何超出的要求都是侵犯，是对个人的非法和不道德的侵犯，也是一种权力的滥用。一个雇员不欠你'忠诚'，不欠你'爱'和'态度'，他只欠你结果和表现……真正的任务不是改变性格，而是让个体可以有所表现。"

除此之外，组织和员工都应该更好地定义工作本身的内容、意义和价值。组织需要给员工一定的自主权和自由度，让员工参与设定目标，并拥有自行安排工作的权利；员工需要为自己的工作打上个人荣誉和品牌标签，为完善自己而工作。组织和员工都应该致力于更大的目标和意义，要从最简单的工作看到其更重要的意义。组织需要给员工设置适宜的挑战，进行动态调岗，保持组织活力；员工需要给自己提出更高的要求；勇敢挑战新的责任和任务。组织和个人也都需要心怀坦诚，致力于营造一个良好的环境。

第六节　侠客模式的常见问题

侠客模式的核心是激发每个员工的工作积极性。侠客模式存在动力陷阱，要么是破坏了员工个人的积极性，要么是个人很积极，但效果不佳。一般来讲，侠客模式存在 4 个可能的动力陷阱。

一、系统失灵

前文讲到了侠客模式存在的 4 个条件：钱给到位、规则清晰、工作有趣和员工有成长。这 4 个条件一旦发生变化，便会导致系统失灵。例如，当组织的薪酬待遇竞争力下降的时候，物质回报带来的红利便会快速消失，从而导致系统失灵；当规则不清晰时，员工会感觉不公平，其工作积极性便会受到影响；当员工缺乏自主权和自由度时，会觉得工作本身缺乏意义，而员工无法从事自己擅长的工作，组织动力就会受到影响。

二、过度竞争

侠客模式的特点是通过拉大激励差距鼓励竞争，其缺点是竞争容易过度。当组织员工的普遍收入远高于同业或者远高于社会平均值时，员工为留下而努力，会加剧内部竞争。内卷严重的组织，大多具有高薪或高福利的特点，而内卷必然会加剧"劣币驱逐良币"的现象。

内卷往往会导致良性竞争变质，在大厂工作的人几乎都见过同事之间暗中拆台、背后扎针的情况。在内卷之下，很多需要协同配合的项目，因为兄弟部门"you can you up"的态度，最终结果大打折扣。在内卷中，那些恃才傲物但江湖经验不足的人，往往会因为缺乏斗争经验而吃亏，其结果经常是"斗不起我躲得起"，导致企业错失人才，员工身心受伤。

很多管理者也很喜欢把内卷作为一种管理手段，以激发争先恐后的内部竞争，平衡内部力量和关系。然而从整体来看，内卷会导致整个系统的

工作氛围恶化、人心不齐，以及局部的虚假繁荣和整体的能量浪费。

三、合成谬误

侠客模式的另一个动力陷阱是合成谬误，不同的个体或部门容易各自为战，目标和行动不一致导致资源浪费和重复建设。组织存在的目的，就是为了更高的效率和更低的成本，也就是要让 1+1 大于 2。所谓合成谬误，恰好就是 1+1 小于 2 的做法。

管理者要警惕一种现象：每个人都忙得不亦乐乎，但团队并没有什么了不起的成绩；或者每个部门都干得热火朝天，但整个组织的成果却乏善可陈。

在高薪的刺激下，在内部竞争文化的加持下，假如缺乏整体的战略规划和分工体系，合成谬误几乎是一种必然。组织必须从整体规划出发，统一分工、目标和结果考核机制，唯有如此才能有效避免合成谬误的出现。

四、影响研发

侠客模式鼓励竞争、鼓励短期考核和短期雇用，因此短期主义是不可避免的潜规则。在侠客模式中，很难实现需要长期投入的目标。很多时候组织浅尝辄止，重复造车轮的现象比较严重。可行的做法是让研发团队相对独立，采取长期主义的考核方式，从而让研发人员能够安心做好研发。

第七节　如何走出侠客模式的动力陷阱

采用侠客模式的组织就好像特别有个性的人，属于人群中引人注目的佼佼者。有个性的人缺点也很明显，如果发挥所长，更容易取得成功；如果对缺点不加注意，也更容易出现问题。

在实战中，那些高发展、高激励、高要求、高淘汰的企业，很容易在竞争中攻城拔寨、脱颖而出。但如果不多加注意，也容易导致系统性崩溃。

一、侠客模式成功的条件

侠客模式成功的 3 个条件缺一不可：薪酬具有竞争力；规则公平公正；工作本身具有意义，员工有足够的自主权和自由度。简单来说，侠客模式就是要在公平公正的规则下，分好工，分好钱，让每个人充分发挥特长。侠客模式对管理者提出了很高的要求，管理者如何分工、如何考核、如何做到奖罚的公平公正，是侠客模式能否成功的关键。

二、做好战略规划和分工考核

缺乏战略规划的侠客模式很容易导致一团混乱。采用侠客模式的组织，一定要尽可能想清楚战略方向。整体想得越清楚，越容易把每个人的一亩三分地分配好。组织想清楚了大方向，就可以把总体目标拆分成小目标，让不同的部门和个人来承接，从而达到上下齐心的目的。

当然在很多情况下，组织也无法精确地预知未来，那么就要把规则说清楚，用游戏规则来保障合作。华为以高薪著称，为了保障高薪的激励效果，华为还有两个方面做得比较到位。一个是战略规划，每个业务部门都有战略规划，用多半年的时间规划来年的工作。在规划战略过程中，战略部门会跟业务部门反复沟通、反复对焦，以确保目标和战略的一致性和可行性。另外一个是通过项目任命制保障团队合作。通过公开的任命，明确不同的人在项目中承担的责任和义务，这样等有了项目成果，也方便大家根据项目任命"分肉"。

三、向乐队模式或混合模式转型

在实战中，保证侠客模式成功有一个先决条件，那就是发展环境适宜、市场机会多，通过快速裂变就能迅速做大，并保证个人有良好的回报。一旦市场环境恶化、薪酬待遇降低，侠客模式将失去发展的土壤，这时候就必须考虑模式转型了。

另外，在需要大量智力创造及团队协作的复杂组织中，侠客模式正变得越来越难以持续。原因很简单，工作的结果很难量化、对比和评估。在需要团队协作的组织中，个人的价值变得难以精确评估和对比。足球队经过几百次的攻防转换和传接配合，最后前锋把球踢进了对方的球门，这个进球，是否也有后卫和中场球员的"功劳"？因此这类组织也需要考虑其他的管理模式。

当然，前文所讲的各种陷阱也会导致侠客模式难以为继。在这种情况下，组织可以加强乐队模式的动力元素，或者提高其他动力元素的比重，让组织动力向乐队模式或混合模式转型。

还有一些组织在内部不同的部门采取不同的管理和考核模式，也就是不同的动力模型。例如，为了让研发团队安心工作，采取鼓励团队协作和长期稳定的乐队模式或混合模式。为了快速开拓市场，组织会对销售团队采取激进的侠客模式。

总之，组织应根据环境变化和战略诉求，改变动力模型，使组织与战略同步转型。

第四章

乐队模式：放大"狼群"价值，寻求合作共赢

第一节　乐队模式的渊源

一、《西游记》展现了一个理想化的乐队模式

乐队模式的动力特点是充分释放组织的力量，组织成员缺一不可，行动一致，相互配合，最终赢得胜利。

经典小说《西游记》中的师徒四人就是一个典型的乐队模式组织。作者最初就进行过精心设计，唐僧、孙悟空、猪八戒和沙和尚，每个角色出现的先后次序、武力强弱都是有讲究的，彼此的能力也互补。如果把这师徒四人当作组织来看，那么它最初遵循的也是侠客模式，几个"员工"一开始都认为自己是大于集体的侠客，他们之间的磨合并不顺利。每次唐僧

对孙悟空表示出不信任，都会导致孙悟空心灰意冷地离去，整个组织处于分崩离析的状态。据统计，孙悟空有 3 次被赶回花果山，猪八戒也有 9 次嚷嚷着干脆散伙算了。直到后来，师徒四人历经考验，形成了一个相互信任且彼此团结的组织，才得以取回真经、修成正果。

师徒四人中，唐僧虽然没有神通广大的本领，但他有理想、有愿景、讲原则，在徒儿思想动摇的时候能够及时地提醒。他对几个徒弟的工作分配也很合理，充分发挥了每个徒弟的特长，是整个组织的灵魂人物。孙悟空乃是组织中的精英，敢打敢拼，功劳最大。猪八戒虽然好吃懒做，但能跟周围的人打成一片，一路上插科打诨，为取经生活增添了许多乐趣，是组织中的润滑剂。沙和尚是任劳任怨的普通员工，重点是可靠、稳重且深受信任，是组织中稳定的后方，所以大家才敢让他管理所有家当和行李。

在《西游记》中，孙悟空自己就可以轻而易举地往返西天，但规则要求取经一定要师徒四人合作才算成功。在这个规则下，孙悟空要想取得真经，就要放下身段，放弃单打独斗的思想，保护师父。乐队模式也是如此，要求员工为了组织目标而牺牲一定的自我利益。

《西游记》展现了一个理想化的组织——在共同目标的指引下，有一个有能力的管理者，带着各有所长、分工明确的员工，历经九九八十一难，最终修成正果。更为重要的是，《西游记》展现了一个组织的升级过程，通过实战的磨合，将多个个体融合为一个团结而和谐的整体，乐队模式就是这样一种组织动力模式。

二、狼群，乐队模式在自然界中的典范

一般来说，狼群内部讲究多劳多得、弱肉强食，更应该奉行侠客模式。事实上并非如此，狼群非常讲究原则，它们遵循一定的规则，是乐队模式的典范。

狼的力量源自狼群，而狼群之所以强大，正是因为其中的每只狼都贡

献了自己的力量。孤狼在野外生存异常艰难，只有融入狼群，它们才能更好地存活下来。在争夺资源的过程中，狼会毫不留情地攻击非本狼群的狼。然而，在狼群内部，竞争被合作取代，每个成员都有自己明确的职责，齐心协力，共同对外。

当狼群"行军"时，它们会形成一列纵队。老狼和病狼因经验丰富而走在队伍最前面，掌控着整个队伍的行进速度。小狼和弱狼则被安排在队伍的中间，得到充分的保护。在小狼前后，是两拨最强壮的狼，它们负责保护小狼并维持队形的稳定。而最具战斗力的狼王则守在队尾，负责殿后，确保整个队伍的安全。

这种队形设计巧妙，不仅能够充分利用老狼的丰富经验，确保行进的安全与效率，同时也有效保护了小狼和弱狼。更重要的是，它能够在必要时迅速展现出狼群的战斗力，应对外界的挑战。

总的来说，狼群通过内部的合作与分工，展现出了惊人的力量和智慧，这也是它们能够在野外生存下来的重要原因。

如果把狼群比作一个组织，那么这个组织中的员工都认为集体利益始终在个人利益之上。狼王就是一个管理者，不仅拥有至高无上的荣誉，还承担着照顾整个组织的责任。无论食物是充足还是缺少，狼王都会为组织倾尽所有，让老狼和小狼都得到很好的照顾。维系狼群关系的重要纽带是血缘关系。狼群一般由一对成年狼和它们的子女组成。在食物充足的情况下，子女长大后会跟父母一起行进；在食物不足的情况下，成年子女可能会离开父母出去组建自己的家庭及新的狼群。这和某些大企业的员工出走后，自发创业，成为一个新组织的管理者，有异曲同工之妙。

狼群给管理带来的最大启示在于，组织内部应实行分工协作，员工间相互照顾；而在外部，则应组织起来进行作战，这确保了组织在保持内部团结的同时，也能在外部环境中展现出强大的竞争力。

三、乐队模式的思维，让福特公司起死回生

从《西游记》中的师徒四人到狼群，可以看出乐队模式型组织让每个员工都有自己的位置，大家各尽所能、充分沟通、共享信息。用管理术语来讲，就是在组织内部，员工之间相互接纳、认可，员工有归属感和安全感，也会觉得被认可和欣赏。

由此可以得知，当组织内部的分工协作失灵，进一步影响到组织业绩的时候，向乐队模式转型是让组织快速走出困境的途径之一。"一个福特"运动的成功，就是很好的证明。

2006年，福特公司遭遇了100多年以来最大的年度亏损——126亿美元。不同地区的分公司、不同部门之间的过度竞争，造成同一级别的车型研发和生产重复建设问题十分严重。为了扭转颓势，福特家族请来了前波音总裁吉姆·麦克纳尼（Jim McNerney）。经过调研，吉姆·麦克纳尼认为解决组织各自为战的问题是关键，这需要改变福特的管理方式。因此，他开创了"一个福特"运动，口号是"One team, one plan, one goal"，用每周一次的管理层会议取代了内部大大小小的会议。此前的福特内部弥漫着"强者才能生存"的紧张气氛，吉姆·麦克纳尼提倡每个员工都是福特的一员，每个员工都必须了解福特的计划、现状及需要特别专注的领域，杜绝各自为战。

"一个福特"运动精简了福特的管理系统，重新调动资源，从而降低了成本，提高了效率。从2009年起，福特每年都保持营利的状态，直到起死回生。在访谈中，吉姆·麦克纳尼总结道："每个员工都是组织的一分子，每个员工的贡献都能得到尊重，因此人人都积极参与。当大家都有了主人翁意识和归属感时，工作起来自然更有劲头。能在一个互相支持的环境里做事让人觉得更值得……如果组织上下目标一致，形成了人人希望帮助彼此成功的文化，问题就可以迅速得到解决。所以，营造一个安全的

使人们可以坦诚对话的环境极为重要，特别是当出了问题的时候。"

战略变革的成功离不开组织变革。在吉姆·麦克纳尼的推动下，"一个福特"运动改变了整个组织动力的运行方式。从竞争到合作、从各自为战到相互协同、从人人自危到人人具有主人翁精神、从信息独享到信息共享，福特的组织动力已经悄然从侠客模式转为了乐队模式。

当然，所有的模式转换都只能解决当时的问题。组织需要根据战略发展的需要，在不同形势下不断调整势能，以变应变，保持持续的动力。

第二节　乐队模式的动力魔方

我们的研究发现，乐队模式型组织的员工能够接纳彼此，形成良好的交互，并且对组织和同事都高度认可。

这也体现了组织向乐队模式的发展或转型：让每个员工都在组织中找到自己的位置，即满足"接纳"这个动力元素；让组织内部信息得到充分共享，员工之间达成良好的协作，即满足"交互"这个动力元素；让管理者看到并认可员工为组织所做的贡献和努力，也让员工看到并认可其他员工为组织所做的贡献和努力，即满足"认可"这个动力元素。

这3个动力元素相互作用，可以让组织拥有一个能够自我进化、不断成长的动力系统，最终把组织的所有员工更紧密地结合在一起，也让每一个员工都能在组织中得到成长。

一、充分接纳：给员工归属感和安全感

对员工来说，其在组织中的位置极其重要。

德国心理学家伯特·海灵格说："竞争是为了得到更好的位置，人只有在更好的位置上才能生存下去。"虽然我们很难真正面对这一点，但争

夺位置的确关系到员工在组织中的"生死存亡"。在"Why Do We Work"的调研中，一位受访者表示，自己有 20 多天年假，但不敢一次性休完，也不敢连休 3 天以上，而是每次只休一天，甚至半天，原因就是担心休假回来自己做的事情被别人做了。在一些竞争激烈的组织中，经常出现员工用尽快立项的方式给自己"占坑"的现象。

在团建活动中，经常出现"抢凳子"的游戏，游戏规则是 10 名员工抢 9 个凳子，淘汰 1 人后，剩下的 9 名员工抢 8 个凳子，再淘汰 1 人后，进入下一轮，凳子依次减少，直到最后有 1 人胜出。这个游戏的设计目的，就是提高组织员工的竞争意识，意思是"狼多肉少"，不努力竞争，就容易被淘汰。

在组织召开的会议中有一个常见的现象：安排会议的员工会被问到"开会的都有谁"，因为这个位置属于谁，往往包含着重要信息。每当一个理应出现在重要会议中的员工被排除在外时，就会立刻引起大家的猜测——这个人要离职了？这个人的职位有变化？这个人在组织中或者对管理者来说重要性下降了？……很多员工还会在茶歇闲聊中不经意地透露自己"和×××开了个会"，也是在暗示自己在组织中的位置的重要性。

在组织中有自己的位置，会让员工更有归属感和安全感。

员工对归属感的渴望是一种生存本能。员工害怕被排斥，因此渴望被组织或所在的群体接纳，这是为了更有安全感，让自己能够在群体的支持和帮助下更好地生存下去。

组织中的员工对组织产生的归属感、安全感的强度因人而异。当员工在组织中拥有明确的位置时，归属感和安全感往往会更加强烈。然而，一旦在组织中失去了自己的位置，心理归属感和安全感便会逐渐减弱，甚至消失。在这种情况下，员工可能会产生"身在曹营心在汉"的心理，或者选择彻底离开组织。

最后，如果一个员工对组织没有归属感和安全感，就会影响其创新力。

在《无畏的组织》一书中提到，谷歌曾经进行为期两年的大规模研究，发现表现最好、最具创新性的组织都有一个共同点——员工的心理安全感高。而"心理安全"是指敢于说出真实观点，敢于求助于人，敢于承认自己的错误，甚至暴露自己的无知。

不敢说真话是职场员工极为常见的问题。我们的调研中就有受访者表示，自己给管理者发信息的时候用了半个小时来编辑文字和语气，原因就是安全感不足。员工说真话的程度，受制于职场管理工具的使用。有的公司管理者会故意制造人才冗余，展开"赛马机制""末位淘汰制"，激发员工竞争，这很容易破坏组织内部的氛围，更是直接破坏了员工的归属感和安全感。管理者也会经常用剥夺位置的方式逼员工离开，例如，开会的时候把他排除在外、分工的时候故意给他没有价值的工作、平时有意无意地孤立他等。用不了多久，这名员工在组织中就会名存实亡，对组织的正向贡献就会越来越小。

在侠客模式型组织中，采取末位淘汰制无可厚非。但在乐队模式型组织中，强行末位淘汰会对组织动力造成更大的伤害。

总的来说，组织可以在两个方向努力，提升对员工的接纳度。

第一，鼓励多样性和包容性。

乐队模式型组织的长期成功，仰仗员工的多样性和组织的包容性。麦肯锡的研究表明，组织的多元化与组织经营业绩之间有很强的相关性。在理想的组织中，应该有梦想家、实干家、批评家等多种角色。梦想家看未来，实干家做好当下，批评家防范风险。

有人认为，在一个完整的组织中应该有9个角色：创新者、信息者、实干者、推进者、协调者、监督者、完美者、凝聚者和技术专家。创新者提出新点子，信息者收集信息，实干者执行，推进者不断推动进展，协调者协调人和事，监督者找问题，完美者坚持高要求，凝聚者维护和谐的关系，技术专家保障专业优势。值得一提的是，似乎每个组织都有那么一两名员工，看起来不太做事，每天请客吃饭、插科打诨，但有他们在的时候，组织内部总会充满欢声笑语，氛围轻松愉快，当他们不在的时候，气氛略显单调、无趣。这样的人看起来无用，却是激发组织活力不可或缺的"凝聚者"，就像啦啦队一样，对于活跃气氛、激发球队战斗力意义重大。

第二，为每位员工预留好位置。

一支成功的篮球队不仅要有明星球员，还需要有饮水机球员、更衣室领袖、蓝领球员甚至啦啦队员。因此，除了理性层面，管理者还需要在自己的内心给每个员工留一个位置。很多职场人的痛苦来自管理者不接纳自己、鄙视自己、疏远自己的情绪。这些负面情绪不仅不利于员工发挥工作优势，对整个组织的发展也有很大的伤害。

德国心理学家伯特·海灵格还认为，成功的关系要分享彼此的位置。我们和别人分享我们的位置，同时他们也和我们分享他们的位置。虽然每个员工放弃了一部分自己的位置才来到了组织中，却也从组织中获得了一部分新的位置。

接纳之所以是乐队模式的重要动力元素之一，是因为它常常被忽略，甚至被反向利用。一个组织通过层层选拔雇用了一名员工，其目的是让该员工在合作期间为组织带来新鲜的动力，但实际上，组织内的很多现象和做法都极大地提高了对方在组织中的生存难度。比如，在一些组织中，新入职的"空降专家"需要很努力地证明自己，才能有限地发挥所长，他部署任何工作，都会被"老人们"狂轰滥炸——"你这一套在这里是行不通的……""你不懂组织的实际情况……""你得先融入我们的文化……"一旦形成这样的氛围，新来的人因感觉不到被接纳而不敢多言，久而久之，其能够发挥的创新力就会大打折扣。

在《行为设计学——打造峰值体验》一书中，讲述了美国一家名叫约翰迪尔的拖拉机公司是如何为新人员打造入职仪式的。当新员工到公司时，公司门口显示屏上出现欢迎标语"欢迎 ×××"，接待者会带新员工到工位上，新员工的办公电脑背景是公司办公大楼，旁边写着"欢迎您的到来，您将开始此生最为重要的工作"，其他员工不断过来向新人问好；中午，接待者带新员工与其他员工共进午餐，与同事们相互认识；下午，顶头上司会过来找新员工，跟新员工约下周一起共进午餐。这个设计之所以打动人心，就是因为新人能够感受到被组织全然接纳。入职之初就能成为组织的一员，会全面提升员工的归属感和安全感。

二、有效交互：充分共享信息，形成共享意识

有效交互是指在组织中，员工和员工之间、员工和组织之间通过充分接触、真实表达和信息共享，形成一个畅通的信息和智能交互系统。在乐队模式型组织中，有效交互与接纳和认可共同成为组织产生自我进化能力和化学反应的必备条件。

在优秀的平台型组织中，平台就像巨大的充电器，连接着无数平台上的员工或微组织，平台和员工之间、员工和平台之间、员工和员工之间进行着无间断的信息交互，形成强大的集体智慧。

在确定性市场，更多的是平台向员工或微组织的单向赋能。一个个被平台赋能的员工或微组织四处开花。当市场不确定性增加时，员工的信息收集能力、平台的信息汇总能力及系统整体的应对能力变得更加重要。以前背靠着平台，员工拿张名片就能打天下的时代结束了，而今员工更加需要足够多的信息，在瞬息万变的环境中快速做出决策。

我们耳熟能详的一句话是："找对了人，付给他高薪，然后把问题交给他处理就行了。如果他不能处理，那么换员工就行了。"实际上，在复杂多变的环境中，把"锅"甩给员工更难让组织成功。因此组织需要更加注重信息的充分共享，以形成全新的平台赋能模式。

在员工中，中层管理者的压力是最大的。他们向上要应对高层管理者只提要求不给资源的压力，向下要尽可能给员工信心、目标和落地指导。

同时，他们也容易成为信息堵塞的焦点和重灾区。有的人为了保持员工利益，向上报喜不报忧，不传递真实信息，有的人为了防止被下属取代，利用信息特权，不向下属传递重要信息。这些做法在大型组织中容易传染，尤其需要引起重视。

有效交互的目的是形成完整的组织图像。每个员工的认知是不同的，即使所有人共享了同样的信息，人们看到的、听到的、感觉到的也可能截然不同，甚至会得出全然相反的判断。有效交互的目的就是形成统一的、完整的、鲜活的、吸引众人的组织画面。在高度不确定的时代，这会引导员工看到组织的意图、力量、价值和意义，找到新的机会。

完形心理学认为，任何一群人、一个组织，通过丰富的接触和连接、互动及感情投入，可以在每个员工的脑海中形成一个完整的、丰富的、引人注目的好的"图像"。好的"图像"是自由运作的、自发的和冒险的，作为员工应该做的就是为这个系统做贡献，让它自由运转，并允许图像带领我们去到任何地方。反之，在一个阳奉阴违、缺乏接触和交互、不友善的环境中，"图像"是贫瘠的、模糊的或者撕裂的，员工是疏离的和破碎的。在一个组织中，凝聚和分裂的力量同时存在。当组织凝聚时，便会形成完整的"图像"；当组织分裂时，"图像"变得暗淡且破碎。

在乐队模式型组织中，提升有效交互的方式主要有以下两个。

（1）建立真正的共享，从共享信息到共享认知，再到共享意识。

美国计算机科学家阿莱克斯·彭特兰（Alex Pentland）的研究发现，一个团体的表现优劣，几乎有 50% 取决于其互动模式。他认为，当打破信息"深井"，开启交互模式后，团体能够不断吸纳外部理念，进而形成"理念流"，最终汇聚成团体的"共同智力"。这样的"共同智力"对团体的整体发展至关重要。

① 在"信息交互"层面，要实现快速、高效的信息共享。

在职场中，信息共享程度往往很低。很多时候，管理者有权利掌握更多信息，信息特权成了其在组织中的价值和权柄。在更多的情况下，内部竞争使得"信息不对称"，信息拥有者分享的意愿降低。我们可能以为信息安全是造成信息交互不足的客观原因，然而绝大多数组织内的信息无关信息安全。当一名员工不了解整个组织在忙什么、其他人在做什么，以及不同的工作事务之间有什么关联的时候，便会出现信息空隙。

试想一下，在某大厂，一个年轻人入了职，人力部门为他分配了计算机，经理跟他"勾兑"了年度目标和方向，然后就没有人与之交流了。年轻人在组织内部四处找人、找资源，去完成预设的目标。在沟通的时候，年轻人发现每个同事想要的都不一样，谁都想"通吃"，没人愿意配合，而组织内有好几个类似的项目，但负责这些项目的几个团队之间从未充分沟通。年轻人向经理寻求支持，无奈发现经理马上就要离职了，而新来的经理思路和想法尚不可知……而在另一家大厂，我曾惊奇地发现，组织战略部最重要的职能其实是"拉通"，将大量的时间花费在跨业务开会、讨论和沟通中，其最基本的功能就是信息共享。

组织中的所有人能否看到整个体系，能否了解其他人的所做所想，能否及时掌握最新的内外部动态，这是一切交互的基础。

②在"认知交互"层面，首先要做到有效的接触和真实的表达。

首先，认知的交互来自有效的接触。办公空间是增加员工有效接触的最佳地点。从办公室的物理空间上消除隔阂，采用开放式办公空间，是从20世纪初便开始的趋势。最初的开放式办公是泰勒的管理理念，将人们像流水线上的设备一样放在一起办公，强调效率，而不在乎士气和员工的感受。后来有了"办公室景观"，人们开始用屏风、绿植等划分出不同的私人空间。到了20世纪80年代，小隔间开始流行，持续到现在。最近的趋势是，有的组织取消了小隔间，为员工提供各种自由组合的办公空间，可供员工有私密和封闭的工作需求时自由选用，包括单独的办公桌、会议室、个人办公位等。

2019 年，美国社会科学家和技术专家伊桑·伯恩斯坦（Ethan Bernstein）和本·瓦贝尔（Ben Waber）共同发表了《开放式办公室的真相》的研究报告，结果表明，两家世界 500 强企业的总部从隔间改为开放式办公空间两个月后，员工面对面互动率下降了约 70%，而网络互动则有相应增加。学者分析，原因在于"第四面墙"规则。第四面墙原指演员在舞台上表演时会想象的舞台和观众之间的那一面墙，以防止自己因台下的观众而分心。在开放的办公室，第四面墙的规则扩散很快，大家快速适应了不去打搅正在认真工作的同事，面对面的交流反而减少。

《开放式办公室的真相》中还有两个非常重要的发现：一是办公桌间的距离很重要，在一家世界 500 强零售商的员工的所有互动中，90% 发生在办公桌距离 500 米的同事之间。一家大型技术企业 2008—2012 年的一项研究发现，远程办公的员工讨论任务的次数比同地办公的组织成员少 80% 左右，他们在 17% 的项目中完全不沟通。二是管理者在交互中的枢纽作用很重要。此前人们以为管理者是"沟通瓶颈"，但某实验表明管理者不只是沟通的屏障，还能保证沟通质量。绕过管理者，下游出现了其他问题，半年内生产率降低，客户投诉增加。

其次，HR 是增加有效交互的重要角色。在某集团中，有一个分公司的员工对 HR 的工作满意度名列前茅。当问起原因时，HR 负责人分享他的经验是要求每个 HR 主管一定要在员工所有重要的时刻出现，并发挥作用。所有重要的时刻包括入职、生日、受奖的高光时刻、受挫的低谷时期、思想动荡期、离职等。他要求自己的组织识人性、懂人心，用尊重与理解去感化员工。另外，他还会要求 HR 有意地制造场景，增加互动的频率，提高互动的质量。

还有一点需要注意，有效接触来源多样。在完形心理学的定义中，没有差异就没有交换，没有交换就没有接触。此前我们就提到过员工年轻化可能引发的风险，以及员工多样化的重要性。在不确定性增加的时代，不同的知识、经验和思考方式都可能对组织发展起到重要的积极作用。当我们看到一些新的组织快速崛起的时候，感慨它活力无穷，但不要忘了那些久经岁月沉淀的成熟组织的经验也有重要的价值。很多挑战不仅需要一腔热血，还需要专业、经验和智慧，这些是组织多样化带来的价值。当管理者听不到新的声音、员工无法贡献新的思考时，交互便是无意义和无效的。从这个角度来看，交互只在信息分享层面出现。

③ 认知交互来自真实的表达。在工作场景中，员工经常不敢直抒己见，因为会有各种担心：管理者不喜欢、同事会多想、破坏了大家的一团和气……但长期处于"演戏"状态，只会加剧自己的纠结和焦虑。假如大家都不敢说实话，就会导致交互的失效。作为组织管理者，应该营造说实话的氛围，鼓励说实话的行为。

下面通过一个实例来说明。某公司总裁召开业务策略会的时候，问大家组织存在什么问题，有个员工回答以后，被总裁批评，随后很快被"处理"了。实际上，这些问题的根源并非来自员工能力不足，而是管理、协作的系统性失灵。等第二次开会的时候，总裁再问大家一些问题，就没有人敢说话了。自此，总裁的业务策略会变成了少数人讲、多数人听的模式。

完形心理学家波尔斯将神经症或成人的性格分为 5 个层次，用来描述治疗师和来访者之间沟通的动能（类似的思考也在《他人的力量》一书中出现过），可以作为工作中交互真实性和有效性的参考。第一层是陈词滥调层 / 伪装层，指人们都有不真实的伪装，生活在别人的世界里。第二层是角色扮演层，指人们都害怕被拒绝，努力扮演自己的角色，习惯性地不真实地活着。第三层是进退两难层 / 纠结层，指人们进入陌生的领域，发现以往的角色、社会规范和常用的方法失效，因而感到不舒服、焦虑、混乱、被卡住，想自我放弃并退回舒适区。第四层是内爆层，此前人们卡在进退两难的角色和假设中，到这个阶段则有各种可能性，但相信如果外爆会无法生存或被爱，各种可能性会导致力量瘫痪。第五层是外爆层 / 真实层，外爆是能量在行动和感情上的释放，指最终放弃了虚假的自己，开始体验、拥抱并表达真实的自己，表现形式是悲伤、愤怒和喜悦等，如图4.1所示。

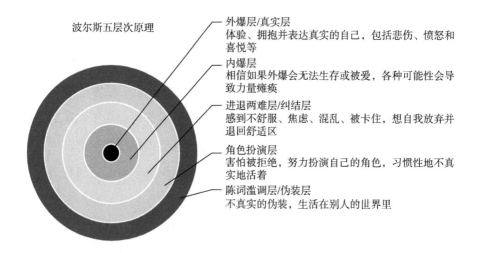

波尔斯五层次原理

外爆层/真实层
体验、拥抱并表达真实的自己，包括悲伤、愤怒和喜悦等

内爆层
相信如果外爆会无法生存或被爱，各种可能性会导致力量瘫痪

进退两难层/纠结层
感到不舒服、焦虑、混乱、被卡住，想自我放弃并退回舒适区

角色扮演层
害怕被拒绝，努力扮演自己的角色，习惯性地不真实地活着

陈词滥调层/伪装层
不真实的伪装，生活在别人的世界里

图4.1　波尔斯五层次原理

在一个组织中，让员工表达真实的自己、说实话很重要。心口不一、阳奉阴违的沟通方式只能看起来一片祥和，实际上问题都被隐藏起来了。

③在"能量交互"层面，要形成动态的信息流和理念流。

我在给大厂和咨询组织做项目的过程中，发现但凡结果非常出色的项目，都有一个充分酝酿、"让子弹飞一会儿"的漫长攻坚阶段，以及量变到质变、大量出成果的丰收阶段。在出成果前期，组织需要收集、共享大量的信息和观点，不断进行观点碰撞，直到逐步形成共识。正如完形心理学所说，"图像"会变得越来越清晰，变得比所有人最初设想的更加完善和激动人心。到这个时候，项目的目标、成功的关键、独特的价值、实现的路径、所需的资源才会逐步明晰，等到执行的时候，大家根据各自的分工齐头并进，便会快速获得成果。

越是复杂和重大的项目，组织越需要"让子弹飞一会儿"，通过充分的信息共享和认知共享，最终形成组织的共享意识，达到组织真正想要的结果。爱因斯坦说："如果给我一个小时解答一道决定我生死的问题，我会花 55 分钟来搞清楚这个问题问的是什么，剩下的 5 分钟回答这个问题。"爱因斯坦这样的最强大脑尚且如此，对组织来说更是如此，要让信息充分流动起来，并形成共享意识。

美国计算机科学家阿莱克斯·彭特兰在研究组织内部信息流通和沟通的效果时，发现组织的"共同智力"与各个员工的智力几乎无关，而与员工之间的互动有更大的关系。"那些最棒的主意往往来自精细、持续的社会探索……构建'共同智力'并使之大获成功的，是人与人之间的'理念流'。"有了理念流，新思维就会像流感一样，在一个群体中扩散开来。为了加速扩散，组织可以在不同的小部门之间建立联系。阿莱克斯·彭特兰还发现，"共同智力"来自不一致性，理念流通过不断吸收不同的理念，从而使群体中的员工做出更加明智的决策，这样的决策往往超出了任何员工的思考能力。

（2）善于利用他人的力量，建立真正的连接。

在双人高空杂技表演中，一对演员在没有任何防护措施的情况下在空中翻腾，他们把生命交给彼此，在每个关键环节，都会有一只手或者身体的某个部位，巧妙地抓住彼此。如果我们更仔细地观察，会发现他们始终保持着身体的连接，连接让他们知道彼此的位置和移动方向，让他们能够在关键时刻出手，一次次地抓住对方。

真正的连接是建立深度交互的前提。建立真正的连接，就是善于利用他人的力量。一般情况下，人们应该使自己强大起来，而心理学家亨利·克劳德（Henry Cloud）认为人们更应该从良好的关系中寻求力量。在《他人的力量》一书中，作者认为人的成功和幸福取决于拥有良好的关系，良好的关系可以让人们克服焦虑、失败甚至治愈痛苦。良好的员工关系或职场关系能提供成长的动力、跨越现实的局限。书中提到，管理者可以用恶语使人备受贬低，也可以通过挑战让人变得更好。你的同事可以跟你竞争，也可以给你带来完成挑战性任务的信心。

在《他人的力量》一书中，还提到 4 种常见的关系（见图 4.2）。

4种常见的关系

1. 没有连接 没有连接，孤立无援的状态	**4. 真正的连接** 让你自由、负责、做更好的自己
2. 坏的连接 打压你，让你觉得自己不够好 又不敢离开	**3. 看似美好的连接** 短期感觉好而长期有害的关系

图 4.2 4 种常见的关系（源自《他人的力量》）

① 没有连接。如果管理者与员工之间缺乏连接，组织会追求高效且苛求员工，员工会陷入孤立无援的状态，感觉不被关心、不被欣赏。在没有连接的组织中，管理者倾向于独自决策，令员工沮丧、困惑，难以与其协作。

② 坏的连接。坏的连接的对象不一定是坏人，但他会打压员工，让员工感觉自己不够好，进而在负面的自我评价中失去动力，却又不敢离开。员工会把更多的时间放在如何让管理者满意上，而不是如何更好地工作上。

③ 看似美好的连接。这种关系让员工短期感觉很好。就像管理者很喜欢"拍马屁"的气氛，而员工也很愿意给管理者这样的感觉。与前两种关系的低气压不同，第三种关系的氛围经常看起来很好，给人"举杯相庆"的感觉。然而这种关系是长期有害的，管理者并没有拥抱员工成长的需求，也没有满足给予员工帮助和支持他们的需求。

④ 真正的连接。简而言之，让员工自由、负责、做更好的自己。员工和管理者之间能够安全地表达各自的想法、感受、担忧和需求，并在对方那里得到充分的理解。这种关系建立在关心、真诚和结果之上。关心别人

而不用有害的方式表达，真诚而直接，导向更好的行为和结果。健康的职场氛围是让组织里的所有人感觉安全，而且能不断地给员工提供脱离舒适区、做更好的自己的动力。

能量交换来自第四种关系。组织内的交互不只是分享信息、交换观点和意见，还包括互相提供足够的能量、支持和鼓励。在交互中，员工会拥有更加明确的奋斗目标，得到足够的工具和能量的支持，而工作结果自然也会朝着好的方向发展。

三、彼此认可：做出成绩能够被看见，遇到困难能够得到鼓励和支持

得到认可是每个人内心的渴望和追求。我们小时候希望得到父母的认可，上学时希望得到老师和同学的认可，工作后希望得到管理者和同事的认可，稍有成就后希望得到社会的认可，但认可总是稀缺的。对我们而言，认可他人是一件非常难的事情，因为人类具有非常强大的生存本能，很容易看到事物和他人不好的一面，对好的一面反而视而不见。

获得认可是每个社会人基本的心理需求，也是员工认识自身价值和自信的来源。在组织中，如果每个员工都按自己的节奏做事，不在乎别人的看法和观点，组织就会名存实亡，无法正常运行。从这个意义上说，认可对员工和组织而言，都具有重要意义。

正常情况下，我们是否要讨好别人，取决于对方是谁，以及我们所处的形势。

获得认可对讨好型的员工来说至关重要。对管理者而言，尤其要注意与这类员工的沟通方式，需要保护他们的自尊心和自信心，任何批评或中肯的建议，都需要用大量的肯定和表扬来进行包装。

过于自我认可的员工，通常不在乎别人的看法和感受，容易不自觉地减少与同事的交流和互动，从而陷入"本自具足"的状态。有人会用"独狼"

来形容这些自尊心、自信心和个人能力都很强的在组织中独来独往的员工。对管理者而言，这样的人管理起来比较棘手。如果用他，不利于组织作战；如果不用他，又找不到好的理由辞退。

在讨好他人与不在乎他人之间摇摆，是大多数人的常态。这样的员工，一方面有一定的自我认可度，另一方面也希望得到组织和社会的认可。

总体而言，乐队模式型组织想要提升组织成员之间的认可度，有如下方式。

第一，让正面反馈远大于负面反馈。

2013 年，美国组织管理研究学者艾米莉·希菲（Emily Heaphy）和咨询顾问马尔西亚尔·洛萨达（Marcial Losada）研究了 60 家公司的管理有效性，包括财务指标、客户满意度指标及员工反馈指标，结果发现，在最成功和最不成功的组织中，管理者给员工的正面反馈和负面反馈的比例截然不同。在最成功的组织中，正面反馈与负面反馈的比例是 5.6 : 1，中等成功的组织是 1.9 : 1，最不成功的组织是 0.36 : 1。这就意味着，为了组织有更好的表现，管理者要用更多的时间去发掘员工的优点，帮助员工确立自信并发挥潜能。

第二，及时赞扬、延时批评，或者公开赞扬、私下批评。

心理学家戴尔·卡耐基（Dale Carnegie）说："要改变人而不触犯或引起反感，那么请称赞他们最微小的进步，并称赞每个进步。" 作家列夫·托尔斯泰（Leo Tolstoy）说："称赞不仅对人的感情有用，而且对人的理智也起着很大的作用。"作家马克·吐温（Mark Twain）说："一句赞美的话就能让我多活两个月。"

及时赞扬的效果远大于延后赞扬，这是公认的定律。例如，一位同事升职了，你第一时间表示了祝贺，可以让他的喜悦倍增。如果你一周后才表示祝贺，对方的情绪已基本恢复平静，早已掀不起太多波澜了。

我们常犯的错误是希望等到"合适的时候"再去赞扬，如下次周会、下个月团建时。其实最合适的时候，就是结果刚刚达成或行为刚刚发生的时候。当面赞扬效果最好，无法当面也可以在工作沟通群里发信息，让所有人都能看得到。及时赞扬有 3 个好处：保障了赞扬的最佳效果；让被赞扬者第一时间知道组织和管理者想要的是什么；赞扬最真实可信。

① 赞扬要公开。如果正在开会，要让所有与会者都能听到赞扬。如果发邮件，要让所有相关人员和管理者都能收到。公开的赞扬具有瞬间放大成就感、被认同感的作用，能起到更好的效果。

② 批评要延后。很多时候考虑到事情刚出，对方还处在慌乱之中，现场批评不仅有落井下石的感觉，也容易放大负面情绪。因此，批评要延后，且保持克制和谨慎，话到嘴边留三分，点到为止。

为了防止批评带来更大的负面影响，批评要在私下进行。批评的目的不是打击对方，而是"惩前毖后，治病救人"，要带着善意，确保通过批评，能够让对方变得更好。

第三，多赞扬，少奖励。

在机械性的工作当中，"计件付酬""多劳多得"是非常有效的激励手段。因此奖励是极好的激发员工活力的手段。当代更多的企业需要员工自主、创造性地工作，奖励反而会带来负面的效果，取而代之的是赞扬和认可。

在《驱动力》一书中，提到有形的奖励会对内在激励因素产生消极影响。如果家庭、学校、企业等关注的是短期目标，选择的是控制人们的行为，它们就会对长期效果造成一定的损害。书中还提出了"萝卜加大棒"的 7 个问题所在：导致内在动机消失；造成成绩下降；扼杀创造力；抑制善行；鼓励欺诈、走捷径及不道德行为；让人上瘾；滋生短视思维。

我们的组织动力测评结果也显示，认可的价值在各种组织中被严重低估和忽视。假如组织能够充分发挥认可的力量，就可以在现有的各项管理不做任何改变的前提下，有效激发员工的积极性和组织动力。

总体而言，可以从两方面来强化组织成员之间的认可程度。

对组织而言，要倡导彼此欣赏的文化，鼓励所有人看到其他人独特的价值，看到并肯定他人观点和行为背后的正面意图，鼓励相互"搭台"，杜绝相互"拆台"。组织应该把学会认可作为管理者必备的一项能力。管理者要克服批判的本能，克制管理岗位带给自己的优越感，认真学会欣赏员工、认可员工的贡献。一切交流都要在基本认可的基础之上进行，先表达认可的部分，再谈改进的意见和建议。

即使要辞退不符合岗位要求的员工，也要先认可对方的基本素质、经验、能力或者态度，认可对方对组织的贡献，不要一棒子打死。一名员工不适合某个组织或岗位，并不意味着不适合其他的组织和岗位，要看到员工更多的可能性。

对员工而言，认可他人是成熟和强大的表现。人生不存在你死我活的竞争，欣赏他人、真心向他人学习、成就他人，才能拥有更好的人际关系和发展前景。当我们有任何批评他人的念头时，可以先要求自己说出至少5个他人的优点。通过这样的练习，可以让认可成为我们头脑中习惯性的思考方式。

第三节　乐队模式型组织的常见问题

乐队模式的底层逻辑是激发组织动力，组织满足员工的社会人需求，员工团结协作，以"one team"的方式争取成功。乐队模式型组织的动力陷阱是容易走向"吃大锅饭"的模式，一般来讲有 3 种常见问题——从众效应、旁观者效应，以及多元无知现象。

一、从众效应

从众效应（Conformity Effect）又称花车效应，指的是多数人会改变自己的观点和判断，跟随大家的行为和思想。在社会和组织中，从众效应无处不在。从众并非完全不合理，不从众者容易因与众不同而受到排挤，但如果从众到了失控的地步，就容易出问题。

此前，我曾多次列席组织高层的策略会议。每个环节的发言者都会试探性地给出信息，但没有明确的判断和结论。神奇的是，几乎每名员工都没有观点，直到管理者发表了自己的意见之后，员工才似乎被激活了一般地开始说——"您说的这个，我也很有体会。上次……""很认同您的观点，客户李总也说了类似的情况……"就这样，在一片热闹而祥和的气氛中，很快有了会议结论。这个结论可能是管理者想要的，缺乏新建树，但没有反对意见。

从众效应容易导致组织掉入 3 个陷阱：从众成为组织内部的法则，听不到不同的声音，导致管理者"一言堂"；组织内部貌似一派和谐，实际上活力和创造力不足；员工没有充分表达，开会时不说，私下小范围说，不利于思想统一。

在面临复杂状况的时候，组织需要不同的信息、观点和输入，这样才能做出更高质量的决策。

为了杜绝从众效应的负面影响，需要多问问"还有没有不同的意见"。另外，多鼓励不同的意见，真正的创新和改变往往来自不同的观点。

二、旁观者效应

旁观者效应（Bystander Effect）指的是当一个人在紧急的情况下需要援助时，如果有很多人在场，那么他人出手相助的概率较低，并且旁观者越多，他们中间有人出手援助的概率越低。

责任分散（Diffusion of Responsibility）与旁观者效应类似，它指的是个人被单独要求完成某个任务时，责任感会很强，但当多人共同完成任务时，每个人的责任感会减弱，整体动力也因此而降低。

在组织中也是一样的，需要通过分工将组织成员变成重要的参与者，而非旁观者，把责任落实到每个人身上。

三、多元无知现象

多元无知现象指的是人们自己不接受某些规则，却以为其他人接受这些规则，最终每个员工都在跟着规则行事。"一致意见假象"的含义与此类似，指的是只要没有明确、强烈的反对意见，大家就会以为真的没有人反对。

在组织中，即使有少数反对的意见，人们也要认真对待。因为其他人可能有同感，只是没有表达出来而已。组织也要鼓励大家说出不同的意见，避免造成更大的业务风险。

第四节　如何走出乐队模式的动力陷阱

一、让组织能够持续接收到新信息和新意见

乐队模式的极致就是组织作战模式，组织中的员工经过长期合作，内部很容易形成"信息茧房"。大家的认知框架趋于一致，思考方式也趋于一致，内部很容易就某些事情达成惊人的一致。然而，这种时候判断和决策失误的风险反而会增加。为了打破这种局面，组织有必要广开言路，不断接收外界的信息和意见，并鼓励内部表达新观点、新思想，以获得全新的共享认知和组织动力。

二、明确权责利，落实责任到人

乐队模式可以向侠客模式的逻辑靠拢，组织要让每个员工都能为结果

负责。对乐队模式而言，虽然单靠员工无法完成业务闭环，但分工可以更加明确，责任也可以更加清晰。通过明确权责利，打破"吃大锅饭"的极端情况。

三、引入良性竞争机制

向侠客模式的逻辑靠拢的另一个方式是引入良性竞争机制。对于适合乐队模式的组织，不一定要引入个人竞争机制，可以考虑集体竞争模式。例如，在组织里设置不同的小组来完成同一业务，根据业务结果适当进行团队激励。通过这样的方式，既可以保证乐队模式在子系统中发挥优势，又可以通过良性竞争激发组织活力。

第五章

混合模式：寻求员工、组织、职场氛围等方面的均衡发展

第一节　混合模式：最常见的组织动力模式

我有一个外甥，到了谈婚论嫁的年龄。2024 年春节期间，亲戚主动给他介绍女朋友。我们一边拿这事儿开玩笑，一边做了针对他婚恋形势的分析。在所有适龄的男孩中，家境和颜值都很好的属于第一档；外甥属于第二档——颜值很好，但家境一般；还有不如他的第三档——家境和颜值都属于中等，或者家境和颜值其中一个条件差的，抑或两个条件都很差。

组织也是一样的情况，少数组织在管理上具有鲜明的风格和特色（要么采取侠客模式，要么采取乐队模式），大多数组织都是综合表现平平。在 10 个动力元素上，它们没有明显的长处，但可能存在一定的短板。这些组织采取的动力模式，我们称之为混合模式。

混合模式的一大特点是面对组织中的各种自我矛盾，管理者没有做出明确的选择，管理系统本身的倾向性也并不明确，处于"既要……又要……"的困境当中。组织中有很多规定和做法互斥，让员工难以适从的同时，也伤害了组织动力。

对员工而言，典型的感受是需要很高的悟性才能掌握管理和考核的尺度。在我们的调研中，有受访者说："既要马儿跑，又要马儿不吃草。""管理者昨天要求这样，今天完全变了。""上一个管理者这样要求，换一个管理者提的要求截然不同。"……

以下是混合模式中自带的几种系统冲突。

一、既要包产到户，又要组织作业

很多组织都在把工作拆分给员工（包产到户）和促进组织作业之间存在矛盾。

有一家做 2B 服务的组织在内部推行了"361"考核机制，但它面向组织客户的业务很复杂，需要内部合作。"361"的意思是组织内部要进行业绩排序，30% 的人为业绩优秀，60% 的人为业绩正常，10% 的人为业绩不良（要予以淘汰）。在"361"考核机制下，同事之间是相互竞争的"敌人"。尤其是在那些受过良好教育、人均智商都很高的大厂，聪明人之间的明争暗斗达到了一定的程度，打小报告、背后说坏话、工作上彼此挖坑、抢对方的项目、联合同事孤立对手等，都不少见。这时候问题来了，当项目需要同事之间协同合作的时候，谁都希望别人为自己的业绩添砖加瓦，同时都不愿意抬别人的轿子。

在这种情况下，组织需要认真分析自己的业务特点，到底是更适合包产到户，还是更适合组织作业，并做出取舍。如果很难取舍，也要在考核上解决二者之间的冲突。

取舍也并非全面走向包产到户，或者全面走向组织作业。一旦二选一，又会导致新的问题。过于强调组织作业，会导致吃大锅饭的问题；过于强调包产到户，会导致人心不齐、合成谬误的问题。

二、既要短期业绩，又要长期发展

有的组织全面实行了短期考核制度，通过半年或一年的考核周期，来确定员工的绩效。还有组织把这种量化的、科学的管理进一步推向极致，实行了季度甚至月度的考核。在业务本身完全可以量化的情况下，这种考核方式非常有效。就跟快递员的工作一样，每天送了多少件快递，都可以轻松量化。

当短期考核遇到知识密集型、研发密集型组织之后，会带来一系列问题。因为这类组织除了要考核短期业绩，还需要为未来的发展负责，需要注重长期的研发和业务改进，即"长期发展"。在短期考核之下，员工都喜欢去做"短、平、快"的项目，那些长远的项目在短期之内看不到结果，就没有人去做。华为喜欢把分项目比喻成分肉，员工都喜欢去做那些肉多的项目，谁都不愿意去啃硬骨头。硬骨头对组织很重要，但是对员工来说性价比太低。

三、既要物质激励，又要精神激励

我们做了大量的组织诊断，包括组织动力测评、员工满意度测评和管理者 360 度评估及矛盾领导力测评。这三个工具分别是从组织整体视角、员工视角和管理者视角看企业管理的特点及可提升方向的，可以为组织变革提供重要策略依据和参考。这些测评一般都由企业家和 HR 负责人直接发起，委托我们进行实施。从已经完成的组织诊断实际结果来看，中国当下的民营企业普遍存在精神激励不足的问题。物质激励很好理解，即升职加薪。精神激励就要复杂得多，需要组织和管理层用心做才能实现。精神激励不足，主要体现在以下 3 个方面。

第一，组织的愿景和目标缺乏感召力。

我们经过测评发现，有些员工根本就不知道组织未来的战略和目标，也不清楚组织存在的价值和意义。很多管理者要么以为这些都是虚头巴脑的东西，不值得一提；要么以为只要管理者想清楚就行了，告诉员工没有意义；要么把这些东西挂在墙上或者写到文件里，很少组织大家讨论和学习。换句话说，组织缺乏一个能够把大家团结到一起的愿景和目标。

第二，管理层"懒政"和缺乏管理才能。

在强调物质激励的组织中，管理者的管理水平普遍堪忧。原因很简单，管理者有了"生杀予夺"的权力之后，就会变成某种程度上的肆无忌惮和为所欲为。如果村主任能够决定农民种哪块地、收多少粮食，村主任就是当地的"皇帝"。同理，当一个管理者（不管他管理的组织有多大）掌握了"分地"和分钱的权力之后，就很容易走向"懒政"，不会再费心在管理方面尽责了。一般来讲，管理者既需要"管事"，又需要"做人"；既需要拿到结果，又需要培养员工，发展组织；既需要用物质激励员工，又需要用精神激励提升组织士气。

通过组织动力测评和管理者360度评估及矛盾领导力测评，我们发现，中国的管理者普遍不会表扬。员工做得好的地方，多夸夸，不仅不用花钱，而且效果极佳。我们发现，"认可"在很多民营企业中是稀缺资源。换句话说，管理层习惯了提要求和批评员工，很少看到员工取得的成绩并正面反馈，也很少做出鼓励、表扬、欣赏的举动。

物质激励操作比较简单，但金钱的投入大，时效很短。金钱带来的兴奋劲儿能够维持几小时甚至几天就不得了了。2023年，我换了一辆新车，兴奋劲儿只持续了一个星期。

精神激励的操作更加复杂，对管理者要求更高，需要管理者从上到下统一思想，认识到它的重要性，并在日常工作中对自己的言行多加约束，真心地欣赏、认可、接纳员工。同时，也要梳理组织的愿景、目标和战略，让员工觉得有意义、有目标。

第三，制度和文化层面没有"视人为人"。

很多组织的精神激励不足，这是一个制度化和体系化的问题。如果组织把员工当作短期雇用的"打工仔"，考核和激励只是把员工当作"生产资料"，就很难起到精神激励的作用。如果员工和组织只是短期的合同关系，那么员工就没有归属感和安全感可言。在这种情况下，任何管理层讲述的美好画面，都会被员工视作是"画大饼"。

组织既要给予物质激励，又要给予精神激励。一个缺乏精神激励的组织，很难有持久的战斗力和生命力。组织要善于用薪酬吸引员工，用精神激励留住员工。在给钱的前提下，多谈感情少谈钱，可以让组织更有凝聚力和战斗力。

四、既要效率，又要公平

"让一部分人先富起来"就是更注重效率，"共同富裕"就是更注重公平。同样的情况在组织管理中也会出现。想要快速达成一个目标，就很难做到雨露均沾，让每个员工都满意；想要让大家普遍满意，就没有办法要求很高的效率。

组织提升效率的常见做法是，通过拉开考核差距，让员工在内部竞争。这样做的负面效应是容易导致"内卷"，同事之间你争我抢，职场氛围比较差。

组织提升公平的常见做法是缩小收入差距，通过分工协作和流程化，让员工合作起来。这样做的好处是组织作战的氛围好，不好的一面是容易导致大锅饭和效率降低。

混合模式型组织往往没有在效率和公平之间做出明确取舍，制度和规则飘忽不定，导致员工无所适从。

五、既要任务导向，又要关系导向

此前在讲任务导向和关系导向的时候，更多的是讲管理者力的权变，任务导向型管理者和关系导向型管理者在不同情境下的管理都可以很有效。在这里，我们强调的是组织的导向和氛围。有些组织提倡一切用结果说话，久而久之可能会导致员工关系紧张、职场氛围恶化。有些组织强调组织内部的和谐，久而久之，可能导致内部拉帮结派，存在员工不专业的情况。

混合模式型组织既没有建立侠客模式的任务导向体系，也没有建立乐队模式的关系导向体系，从自身体系和基因上讲，注定是两个方面都有，但都不明确。

第二节　混合模式的动力魔方及常见问题

一、混合模式的系统冲突

采用侠客模式和乐队模式的组织，都在业务战略和组织管理的设计过程中做出了明确的选择。它们的业务战略分解和组织的管理系统之间，是完全耦合的关系。如果尝试用一句话来总结它们的逻辑，那就是"对侠客模式而言，员工赢就是集体赢"，侠客模式的业务拆解，最后要细分到员工层面，考核和激励也要细分到员工层面。"对乐队模式而言，集体赢才能员工赢"，乐队模式的业务拆解到集体，考核和激励也以集体为基本单位。

混合模式并没有在组织管理的逻辑上做出明确的取舍，因此经常陷入"既要……又要……"的系统冲突中。具体的表现就是组织的管理机制一会儿这样，一会儿那样，或者换个管理者就换一套管理思路，弄得组织无所适从。

二、混合模式的动力魔方

侠客模式和乐队模式各有偏重的动力组合,而混合模式型组织在动力元素的组合上没有明显特点。对于混合模式型组织,每个组织都有自己的动力组合。混合模式的动力魔方如图 5.1 所示。

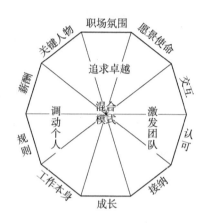

图 5.1　混合模式的动力魔方

混合模式的优点是"混合",既有调动员工的动力元素,又有激发组织的动力元素。混合模式的缺点也是"混合",有调动员工的做法,但强度不够,有激发组织作战的做法,但分工协作不够明确,有金钱激励,但给的钱不多,有精神激励,但强度有限。对于这样的组织,大多数员工又爱又恨,但既不会爱得死去活来,又不会恨得咬牙切齿。

三、常见的组织动力问题

混合模式型组织有多种动力组合方式可选,但它们也都存在一定的问题。

第一,个人调动不足,无法充分激发员工的积极性。

第二,团队协作不足,员工之间配合不好,达不成协作。

第三,精神力量不足,管理者能力、战略愿景和职场氛围均不够理想。

图 5.2 所示为混合模式的组织动力问题。

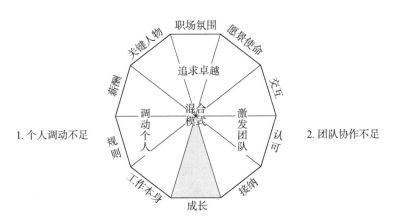

图 5.2　混合模式的组织动力问题

存在第一种问题的组织，在调动个人方面表现不足，主要体现在 3 个动力元素上：薪酬不高，无法充分调动员工的积极性；规则不清晰，做好做坏区别不大；工作本身分工不明确，有让员工"吃大锅饭"的嫌疑，或者让员工感觉不到工作本身的意义，自主权和自由度不够。

存在第二种问题的组织，在激发团队方面表现不足，主要体现在 3 个动力元素上：交互不足，组织内部的信息不够流动，内部沟通不够顺畅；认可不足，员工很少得到足够的正面工作反馈，彼此之间也缺乏欣赏；接纳不足，员工缺乏位置感、安全感、归属感，在工作中不敢说真话、实话，缺乏主人翁精神。

存在第三种问题的组织，在追求卓越方面表现不足，主要体现在 3 个动力元素上：缺乏关键人物，组织内的管理者能力不足，没能起到火车头的带头作用，而是拖了组织的后腿；缺乏职场氛围，组织内部的文化不够积极向上，对员工的工作热情有负面影响；缺乏愿景使命，组织战略目标不清晰，管理者、员工在长期发展方向上缺乏沟通和共识。

第三节　如何走出混合模式的动力陷阱

混合模式最大的特点就是"混合"，这就意味着组织系统内还有很多相互平行的子系统，母系统和子系统之间，以及子系统与子系统之间容易出现冲突。解决混合模式的动力陷阱问题，很大程度上就是解决系统冲突的问题。

一、解决系统的短板

混合模式型组织的优点不突出，而缺点又往往很明显。找到这些缺点并加以补足，就能在原有系统上达成管理升级的目标。表 5.1 所示为混合模式型组织在不同动力元素上的改进策略。

表 5.1　混合模式型组织在不同动力元素上的改进策略

元素	定义	改进策略
薪酬	薪酬待遇有竞争力，能有效激励员工	组织可以提高薪酬待遇的竞争力，也可以通过改变薪酬发放的方式，提高激励效果。例如，更好地定义结果，按结果付费，或者适当提高奖金的比例
规则	组织的管理规范、公平公正	组织首先要明确到底哪些规则的缺失影响了组织动力，然后要有针对性地完善规则和潜规则，尤其要注意潜规则部分，它对组织动力的影响巨大
工作本身	员工有一定的自主权，且从事的工作本身有价值、有意义	方向一是改变分工和管理方式，给员工更大的自由发挥空间；方向二是让所有人都能看到每位员工工作的意义和价值
接纳	员工有位置感、安全感和归属感	组织考虑改变雇用模式，降低员工的流失率，提高其归属感和安全感；管理者禁止内部分化的做法，让每位员工都能在组织中找到位置
认可	员工做出成绩能够被看见，遇到困难能够得到鼓励和支持	大幅提升正面反馈的比例；倡导欣赏文化；用制度和考核保证员工在困难时刻得到支持和帮助
交互	组织内部沟通顺畅，有很好的团队协作	提升组织内的信息共享；改善全员沟通的频率、方式和效果；增加有效接触，培养说真话的氛围
成长	员工有发展空间，能获得个人成长	改善员工职业发展阶梯；提供在职培训；创造员工个人成长和学习的机会

续表

元素	定义	改进策略
职场氛围	拥有积极健康的组织氛围；工作和生活能够和谐发展	在组织范围内加强组织文化建设；对管理者提出要求，对组织氛围建设提出要求并进行考核
关键人物	管理者水平高，能够激励人心，使众人行；管理者的业务和管理能力强	建立对关键人物的选用育留机制；提升中高层的管理能力
愿景使命	组织有清晰的使命、愿景和战略；组织的事业有价值、有意义	加强战略规划和愿景梳理；加强全员的战略沟通

二、解决系统的自我冲突

前文已经提到，混合模式的普遍问题在于系统的自我冲突。组织的某个做法或政策看起来很好，但与另外一个同样很好的做法或政策形成了冲突，二者会相互抵消甚至造成负面影响。

某组织推出了内部转岗系统，其目的是加强人才的内部流动，减少人才流失，从而降低招聘成本和整体用工成本。系统上线后，组织发现它并没有达到设想的目标，原因是该系统造成了两个冲突。一个冲突是组织已经有了"361"考核机制，它的目标是激励先进，淘汰落后分子。而通过这个考核机制面临淘汰的那 10% 的人，都有内部转岗的刚需，但是对整个系统而言，这 10% 的人应该属于落后分子，他们不应该有机会在组织中继续存在。另一个冲突是该系统的开发并没有与原有招聘系统打通，内部转岗和外部招聘在政策上没有任何好处，导致业务经理和招聘 HR 宁愿花高价从竞争对手那里挖人，也不愿在内部找人。

还有一个常见的冲突是组织文化和考核体系的冲突。组织文化要求员工相互支持、共同协作，但考核的却是员工的绩效。这种时候就应该提高组织项目的绩效标准，或者对于双方一起参与完成的项目，实行"双算"，也就是来自不同部门的 A 和 B 共同完成了某个项目，该项目既可以算成 A 的业绩，又可以算成 B 的业绩。"双算"制度加上组织合作精神的倡导，可以有效解决组织动力不足的问题。

有一个组织采取"361"考核机制，并没有"双算"制度，但是特别想推动组织内部员工之间的合作精神，因此在内部提出了"不双算，我也干"的组织文化要求。当然，因为固有的系统冲突，执行效果如何，可想而知。

要想解决系统冲突，最重要的是要从底层逻辑出发，对各种管理政策进行取舍。避免拍脑袋管理和组织决策，而是想清楚每个决策背后对原有系统的影响和冲击。通过取舍，重要的是保持政策的一致性，形成纲要性文件，长期指引企业发展。

三、向侠客模式或乐队模式转型

在业务战略、发展阶段、业务特点等条件吻合的情况下，混合模式型组织可以考虑向侠客模式或乐队模式转型，以打造业务和管理统一的、上下一致的系统。混合模式型组织可以通过组织测评，根据自身发展的需求和业务特点做出选择。

第六章

冠军组织：招募组织的关键人物，制定更高远的愿景使命

第一节 冠军组织与其他模式的不同

冠军组织在侠客模式、乐队模式或没有明显短板的混合模式的基础上，增加了追求卓越的精神力量，包括积极向上的组织氛围、能够带来"化学反应"的关键人物，以及上下共同追求的目标，从而脱颖而出，成为一个能打胜仗的组织。冠军组织有 3 种类型：侠客模式型冠军组织、乐队模式型冠军组织和混合模式型冠军组织。

冠军组织处于一种动力拉满的状态，可能是一时的，也可能是持久的。在这种状态下，组织能迸发出巨大的能量，克服巨大的困难，挑战不可能，并取得不可思议的成就。

历史上有很多让人印象深刻的案例，体现的就是冠军组织的状态。

1981年，杰克·韦尔奇（Jack Welch）成为通用电气公司（GE）历史上最年轻的首席执行官，直到2001年退位。20年间，通用电气公司的市值从120亿美元增长到6000亿美元，成为全球第一。杰克·韦尔奇坚持"数一数二"的经营理念，即任何事业部必须在市场上"数一数二"，否则就会被裁掉。在他的管理下，GE的业绩一直保持两位数增长的速度，创造了商业奇迹。杰克·韦尔奇获誉无数，曾被称为"世纪经理人""最受尊敬的CEO""全球第一CEO""美国当代最成功、最伟大的组织家"等。

2000年1月15日，博拉·米卢蒂诺维奇（Bora Milutinovic）正式担任中国男足主教练，目标是冲击2002年韩日世界杯。在博拉·米卢蒂诺维奇的带领下，中国队在小组赛6战全胜出线，在第二阶段以6胜1平1负的战绩，提前两轮便锁定世界杯名额。这是中国足球迄今为止唯一一次入围世界杯决赛圈。当时的中国队良将如云，包括范志毅、孙继海、杨晨等。博拉·米卢蒂诺维奇提倡"快乐足球"，认为"态度就是一切"，要敢于追梦和付诸实践，用他自己的话说就是要"believe it"，同时要"do it"。

北京首钢队在2008、2009、2010、2011赛季的CBA排名分别是第9名、第9名、第15名和第8名。2012赛季，史蒂芬·马布里（Stephon Marbury）加盟北京首钢队，并在加入球队最初就提出要夺冠的口号。史蒂芬·马布里与兰多夫·莫里斯（Randolph Morris）组成"马莫组合"，并在当时的赛季获得CBA总决赛冠军。2013赛季，北京首钢队止步半决赛。2014赛季和2015赛季，北京首钢队两次获得CBA总决赛冠军，成就了4年3冠。2016年，北京首钢队未能卫冕，仅仅获得了联赛第二名的成绩。2017年，史蒂芬·马布里离开北京首钢队。史蒂芬·马布里在北京首钢队效力6年，帮助球队拿到3次总冠军，两次夺得MVP称号。为了感谢史蒂芬·马布里对北京市的贡献，北京专门为他修建了雕塑。

2014年2月4日，萨提亚·纳德拉（Satya Nadella）担任微软首席执行官和董事会董事。萨提亚·纳德拉上台以后，改变了比尔·盖茨时代的微软战略——让每个家庭和每张桌子上都有一台电脑，提出了"移动优先，云优先"的新战略。在萨提亚·纳德拉的管理下，微软在文化上进行了变革，他说："我把改造组织文化列为首要任务。我们要重新发现微软的灵魂，重新发现我们存在的理由。我认识到我的主要任务是管理我们的文化，唯有如此，微软 10 万名充满创造力的员工才能更好地塑造我们的未来。"萨提亚·纳德拉认为，同理心是成功的源泉，也是他着力培养的组织文化内核。萨提亚·纳德拉强调："我们要建立起对客户的同理心，满足他们未提及的和未被满足的需求。"在萨提亚·纳德拉的带领下，微软的市值从 2000 多亿美元上涨到 2023 年的两万多亿美元，创造了商业奇迹。

那么，有一个问题值得思考：这些组织之所以能成为冠军组织，到底是哪些动力元素产生了明显的变化？

在《系统之美》一书中，提到系统是由要素、连接、功能 / 目标构成的。其中，要素是人们最容易关注到的构成，包括人、机器等；连接是指要素之间的关系；功能 / 目标是指系统自身的目标，包括标榜的目标和真实的目标。书中认为，对一个系统来说，最不明显的部分即功能或目标，但也是系统行为最关键的决定因素。内在连接也是至关重要的，因为改变了要素之间的连接，通常会改变系统的行为。尽管要素是系统中人们最容易注意到的，但它对定义系统来说通常是最不重要的，除非某个要素的改变也能导致连接或目标的改变。

只要不触动系统的目标和规则，即使替换掉所有的要素，系统也会保持不变，或者只是发生缓慢的变化。因此军队能够做到"铁打的营盘流水的兵"，就是因为军队保持了稳定的目标，那就是打赢战争；同时，还保持了稳定的规则，那就是一切行动听从指挥（铁的纪律）。一旦军队的目标和规则发生变化，军队系统就会发生显著变化。

每个组织都是一个复杂的系统。从这个角度来看，相比侠客模式型组织、乐队模式型组织和混合模式型组织，冠军组织到底发生了什么变化，以至于带来了系统的升级？

当我们认真去看的时候，发现结论完全符合系统的理论——冠军组织改变的正是目标和连接（规则和潜规则）。关键人物很重要，因为他们改变了目标和游戏规则。比如，史蒂芬·马布里在加入北京首钢队以后，不仅喊出了夺冠的口号并以此为目标，而且完全改变了球队的打球方式。以前到了关键时刻球队就会崩溃，史蒂芬·马布里到来之后，关键时刻的打球规则变成了"把球交给马布里"。他要么带球杀入对方禁区，要么把球传到最有把握投进的球员手里。表 6.1 所示为通用电气、中国足球、北京首钢队和微软的目标、规则 / 潜规则及关键人物。

表 6.1　通用电气、中国足球、北京首钢队和微软的目标、规则 / 潜规则及关键人物

	目标	规则 / 潜规则	关键人物
通用电气	数一数二	要么数一数二，要么裁掉	杰克·韦尔奇
中国足球	Believe it（可以打进世界杯）	快乐足球；态度就是一切	米卢、范志毅、孙继海、杨晨等
北京首钢队	夺冠	不服输的精气神	史蒂芬·马布里
微软	移动优先，云优先	同理心是成功的源泉	萨提亚·纳德拉

第二节　成为冠军组织的文化背景

成为冠军组织，对愿景和文化的坚持很重要。明确的愿景是冠军组织的特点之一，意味着企业志在高远，有成为冠军的雄心壮志。

愿景如此重要，以至于很多冠军组织会因为突然失去它而快速沦落为一般组织。为了让大家理解这一点，我们看一下为什么有的组织上市了，反而陷入魔咒，组织动力一落千丈。在上市之前，组织中的所有员工都把目标投向敲钟时刻，敲钟时刻有多么激动人心，之后就会有多么大的心理落差。如同在体育界，成为冠军是一回事，卫冕或连续卫冕则是另外一回事。

一旦上市，组织就走上了不断发展和持续创新的道路。上市前后最大的变化，是组织的利益相关方发生了巨变。以前的组织大多属于管理者和员工，是一个相对封闭的系统。上市之后组织属于风险投资者、个人投资者、管理者和员工，是一个相对开放的系统。这个系统要求组织马不停蹄地追求业绩增长，并在竞争中不断获胜。上市之前的组织还可以走走停停，按照管理者的意志来。上市之后，组织就必须为背后的股东负责，不能有些许怠慢。

另一个不可忽略的变化是文化氛围的变化。《欧洲财务管理》期刊发表过一篇标题为《企业文化与IPO》的研究报告，该研究通过分析1996年至2011年的1157家美国上市公司的样本，发现公司上市之后，它们会表现出两个明显的变化：竞争型文化比以前提升54.2%，创造型文化比以前提升30.5%。这就意味着CEO和组织管理者一定要在公司上市之前，就开始布局未来可能出现的文化氛围变化，以免公司上市之后因为突如其来的文化氛围变化受到巨大冲击。

具体的布局方式可以包括以下4个方面。第一，明确与利益相关方的关系，包括投资商在多大程度上参与战略决策和管理运营。第二，重新评估组织的文化价值观是否符合上市之后的需求。第三，让高管和员工广泛参与讨论，达成共识并认可新的文化和价值观。第四，结合新的文化和价值观，做好管理转型、队伍建设和组织发展的工作。

第三节　成为冠军组织的动力升级方法

如果侠客模式型组织和乐队模式型组织的关注点是向下投向薪酬、规则、工作本身、接纳、认可、交互，那么冠军组织的关注点则是向上投向愿景使命、关键人物和职场氛围。从组织动力的角度来看，冠军组织拥有更多的牵引力，让组织拥有追求卓越的气质和精神力量。对一个组织而言，这些元素已经超出了技（战）术范畴，更多地属于人的性格、气质和精神领域。靠技（战）术并不能赢得冠军，冠军都有一颗勇敢的心。

一、让关键人物为组织带来质变

冠军组织发生质变的原因是出现了关键人物。关键人物一般指的是重要管理者或领军人物，有时候不一定身居要职，但一定在组织中扮演着非常重要的角色，起到了决定性的作用。

对北京首钢队而言，有史蒂芬·马布里和没有史蒂芬·马布里，是两支截然不同的球队；对 GE 而言，有杰克·韦尔奇和没有杰克·韦尔奇也是截然不同的；对中国足球队而言，只在博拉·米卢蒂诺维奇带领下打进过世界杯；微软则是在萨提亚·纳德拉的带领下实现再度辉煌的，这是为什么？

从系统学的角度讲，要引发系统的质变，要素的改变不重要，重要的是连接和目标的改变。人只是组织系统的要素，那么为什么改变人能够彻底改变组织系统呢？这是一个非常关键的问题。

因为博拉·米卢蒂诺维奇、史蒂芬·马布里、杰克·韦尔奇、萨提亚·纳德拉这些人并非普通的系统要素，而是关键要素，他们带来了全新的视角和理念，改变了整个组织的目标、规则、精气神和组织氛围。史蒂芬·马布里来到北京首钢队就喊"我们要拿冠军"，这对北京首钢队这支从未曾夺冠的球队而言，是一次目标的飞跃。博拉·米卢蒂诺维奇提出"快乐足球"及"态度就是一切"，背后是一种坚定的信念，一种回归足球本身的球队文化和认真训练与比赛的球队纪律。

我曾在现场听博拉·米卢蒂诺维奇讲他的理念，才明白他所说的"态度就是一切"远远超出了训练态度、比赛态度的范畴，而是直接成为球队的目标、追求和行动要求。博拉·米卢蒂诺维奇的理念总结起来就是：Attitude is everything = believe it + do it（态度就是一切 = 要相信 + 要去做）。

他首先改变的是组织的目标，让大家相信打进世界杯完全可以实现，而后改变的是队内的要求、气氛和规则，要去做，要快乐踢球，谁状态好谁上场，不论资排辈。

关键人物不一定是管理者，也可能是"更衣室领袖"。"更衣室领袖"多出现于篮球和足球运动，指的是在球队中具有影响力的运动员，他不一定是队长，但一定是队中的灵魂，对组织的影响力甚至超过主教练。如果我们认真观察，会发现在不同的组织中都有"更衣室领袖"，他们时刻左右着组织的氛围和在赛场上的表现。

在更小的组织中，关键人物也可以是那些具有自驱力的优秀员工，他们会带动整个组织的工作氛围和积极性。一般来讲，让"划水"的员工变得积极主动难度非常大，因此管理者和 HR 的主要任务就是不断找到那些有自驱力的员工，提高他们在组织中的比例，从而带动组织的工作氛围，提高员工的士气。

冠军组织一般通过以下策略确保组织中关键人物有更好的表现。

第一，先找到对的人，再做对的事。

《从优秀到卓越》一书的作者吉姆·柯林斯（Jim Collins）从 1435 家成功的组织中选出了 11 家脱颖而出的组织，研究他们从优秀到卓越的秘密。他发现，这些组织走向卓越的第一原因是"人"。这些组织坚持把正确的人放在正确的事之前，它们的 CEO 都坚信最重要的是找到正确的人，并把他们放在正确的位置。他们在进行任何变革之前，会用最好的、最聪明的、最认真工作的管理者，来替换那些能力和态度不行的管理者。

这些组织认为，人之所以重要是因为 3 个简单的事实。第一，人对了，方向就对了。因为优秀的人不需要特别的指引，就能在多变的环境中找到方向。第二，优秀的人都是自我驱动的，不需要管理他们。第三，伟大的愿景只有优秀的人才能实现。伟大的愿景和一般的人结合，结果还是一般。

关键人物有哪些特点？中国明代思想家吕坤在《呻吟语》中说，人的资质分为三等：深沉厚重是一等资质，磊落豪雄是二等资质，聪明才辩是三等资质。深沉厚重是一种豁达的心态，可以容纳万物；磊落豪雄是指爱憎分明、做事果敢之人；聪明才辩是指头脑清晰、善于做事的人。

我们的矛盾管理力测评发现，管理者应该具备的矛盾管理力包括：判断力与执行力、保持稳定与敢于创新、知识经验与学习能力、使命驱动和脚踏实地、打造一致性和尊重多元化、决断力和同理心。通过重新组合，可以看出，管理者需要具备4种能力："看得清"，要有远见、使命感和判断力；"做得到"，要有执行力、创新力且脚踏实地；"能服人"，要有决断力、知识经验、学习能力；"能管人"，要懂得打造组织，包容个性化，有同理心。

第二，寻找关键人物。

北京首钢队成立于1956年，2011—2015年，球队曾3次获得CBA联赛总冠军。带来这一切的关键人物就是史蒂芬·马布里。自从史蒂芬·马布里离开球队之后，北京首钢队再也没能染指冠军奖杯。

对北京首钢队而言，史蒂芬·马布里的成功模式几乎无法复制。古人云："千军易得，一将难求。"同样的道理适用于任何组织。能够带来成功的关键人物应该具有什么样的品质呢？美国心理学研究者安吉拉·达克沃斯（Angela Duckworth）认为，答案是"毅力"，毅力是指对长期成就的热情和持续的坚持，它结合了韧性、雄心和自我控制力。

第三，善用关键人物。

2023年12月，我发布的一条短视频突然火了，内容只有两句话："把能干的人和不能干的人放在一起，被淘汰的一定是能干的人。把千里马派去拉磨，千里马一定会被驴淘汰。"

关键人物之所以关键，是因为他们改变了组织的目标、规则和氛围，前提是组织把他们招募进来，放到正确的位置上，并给予正确的激励。华为"不让奋斗者吃亏"，说的就是这个道理。"奋斗者"就是华为这个组织的关键人物。把很多奋斗者放在一起，就能为华为打造旗帜鲜明的"奋斗者"文化，从而改变整个组织的面貌。

二、用愿景使命凝聚组织全员力量

愿景是组织未来的梦想和长期发展的方向，包括组织所扮演的社会角色和所承担的社会责任，而使命是组织成立的初衷。

华为总裁任正非说，金钱固然重要，但也要相信人内心深处有比金钱更高的目标与追求，尤其是当人们不再一贫如洗的时候，愿景、使命感、成就感才能更好地激发人。如果我们相信员工有精神追求，员工也会被我们的信念所鼓舞。

我们所讲的愿景使命，并非写在墙上的标语，而是组织内所有人具有的强烈感情并愿意为之投入的共同目标。共同目标是一个组织凝聚力的重要来源。一个组织想要形成一个好的整体，需要员工有共同目标且经常互动。同时，好的组织一旦形成，作为员工就要允许它带领我们去往新的方向，把自己的一部分奉献给它，好让它得以自由运作。每个成功组织的背后，都有一个清晰而有力的愿景使命，就像一幅关于未来的画面或图像，指引组织不断前行。

一个好组织应有的愿景使命需要符合以下要求。

第一，说清"我是谁"。

"我是谁"包括组织在为谁服务、做什么业务、未来要去向哪里、组织有什么与众不同的特点，以及组织当下存在的意义和组织未来要成为的样子。星巴克的愿景是：将星巴克打造为世界上最好的咖啡首要供应商，在成长的同时保持不妥协的原则。这里清楚地表明了星巴克所提供的产品和服务，以及它希望坚持的性格。"我是谁"的表述要简洁易懂，核心表述一般不超过100个字。

第二，有想象空间。

当我们介绍"我是谁"的时候，容易陷入具体的描述当中，从而可能影响其延展性。使命愿景就是组织的"梦想"，为组织未来的发展提供空间。例如，花旗集团的使命是"独具特色，卓越全球"，其一开始就把眼光投向全球；三星电子的使命是"为人类社会作贡献"；思科的使命是"成为世界一流的软件集团"。

第三，作用于人心，鼓舞人心。

有一个激动人心又广为流传的愿景，来自 1962 年美国总统约翰·肯尼迪（John Kennedy）在赖斯大学的演讲"We Choose to Go to The Moon"。他说："我们决定登月！我们决定在 10 年内完成登月，并完成其他一系列任务。不是因为这些任务轻而易举，恰恰是因为这些任务困难重重。" 在这一愿景的感召下，美国开启了庞大的阿波罗计划。1969 年 7 月 21 日，美国"阿波罗 11 号"宇宙飞船实现了登月。

宜家的使命是 "To create a better everyday life for the many people（为许多人创造更美好的日常生活）"，一下子就拉近了宜家与客户的距离；特斯拉的使命是 "To accelerate the world's transition to sustainable energy（加速世界向可持续能源的过渡）"，一下子把它的身份从汽车厂商提高到可持续能源制造商的高度；Ted 的使命是 "Spread ideas（传递思想）"，非常简洁且富有想象力。

愿景使命既是组织在变化中保持不变的主基调，也为组织发展战略和创新指引了方向。

愿景使命要能够指导组织的战略取舍。所有的组织在经营过程中都会遇到很多诱惑。例如，过去 30 年，中国的组织都曾经历要不要进军房地产行业的诱惑，这种时候就需要愿景使命作为最终的指导。华为自成立以来，一直坚守一亩三分地，坚持在信息产业耕耘，从而取得了举世瞩目的成绩。

愿景使命要能够为组织的创新提供方向。对创新不能限制太多，否则容易错过好机会，但也不能过于发散，否则容易稀释组织的资源和能力。

三、营造积极向上和追求卓越的职场氛围

职场氛围是组织文化的外在表现，组织文化是职场氛围的根源。

组织文化是一个组织的价值观、信念和行为的集合，决定了组织的认知框架和行为模式，也决定了同事之间的互动方式。任正非说，文化氛围也是一种宝贵的管理资源，只有氛围才会普及到大多数人，才会形成宏大的具有相同核心价值观与驾驭能力的管理者队伍，才能在大规模的范围内，共同推动组织进步。

组织需要适时地对组织文化进行调整和引导，以适应全新的环境和战略需求。如果不加干涉，组织文化就会沿着既定的方向愈演愈烈，极大地影响员工的思考方式和日常行为，成为集体偏见，从而对职场氛围造成破坏，并拖累组织的发展。

我查阅了大量国内外对组织文化氛围的研究，发现优秀的组织都有共同的文化特点。这几个特点，也可以成为组织为了将自己打造成冠军组织，在调整职场氛围方面努力的目标。

首先，冠军组织都追求卓越。追求卓越指的是组织有很高的自我要求，它不断创新、打破现状、成就非凡。正如史蒂芬·马布里来到北京首钢队就喊"我们要拿冠军"一样，杰克·韦尔奇明确地叫出了"数一数二"的口号，NASA 深受"我们决定登月"的鼓舞，2002 年的中国足球队相信世界杯不是梦想。冠军组织有一种氛围，那就是追求卓越、拒绝平庸。这样的职场氛围会带动员工产生正面情绪，激发员工的动力，让每个员工在彼此促进中不断前行。

其次，冠军组织都有自我复原能力。复原能力指的是面对逆境、困难和压力的适应能力及反弹能力，包括战胜困难的能力及找到解决方案的能力。《从优秀到卓越》一书中提到，那些穿越周期走向卓越的组织，都是刺猬而不是狐狸。狐狸很聪明，跑得快，又懂很多事情，总是有很多想法。

刺猬跑得慢，只知道一件大事，它们会用单一的组织思想指导自己的一切行动。绝大多数卓越的管理者也都是刺猬，他们善于深度思考，富有韧劲，能够在各种复杂的环境当中生存和发展。复原能力是否足够，在业绩不好或者组织面临重大危机的时候，便能一目了然。有韧性的组织遇强更强，能激发出更大的斗志，而没有韧性的组织则会人心涣散，士气消沉。

再次，冠军组织内部都简单透明。简单透明指的是关系简单、信息透明、沟通顺畅。对组织氛围带来巨大伤害的是人际关系的复杂和内耗。在一个相对封闭的系统中，假如不加外力干涉，必然会导致失序和混乱，这就是著名的熵增现象。冠军组织通过简单透明的文化，不断为组织"减熵"，削弱组织的混乱程度。简单透明即在工作中说真话、说实话，不藏着掖着，不拐弯抹角。能够做到简单透明的组织，员工在组织中有充分的归属感和安全感，员工之间也有充分的信任和尊重。只有在这两个前提下，"就事论事"才不会伤害彼此的感情或者把简单的问题复杂化。

最后，这样的组织都有自我进化的能力。自我进化指的是不断反思和持续成长。他们不断地从错误中学习，并在下一个瞬间变得更强。他们在复盘、实战、再复盘、再实战的循环中，变得日益强大。冠军组织并不一定是当下的冠军，他们也可能永远都成不了冠军，但他们始终朝着冠军努力。

同时，职场氛围的建设是一个长期的过程，需要从以下两个方面入手。

第一，提高高层管理者的示范效应。职场氛围来自文化价值观，文化价值观的第一推动者是管理层，只有管理层亲自示范，才能使静止的飞轮转动起来，最终产生飞轮效应。

第二，把文化价值观落到行为上。神经科学的研究认为，是行为改变了人们的思想，而不是思想改变了人们的行为。因此，要通过具体的、重复的、看得到的行为，带来思想和氛围的改变。

四、动力元素之"成长"——强调职场发展与个人成长

组织成长是所有动力模式共有的动力元素。无论员工身处侠客模式型组织、乐队模式型组织还是混合模式型组织，成长都是一个长效的动力来源。

薪酬、规则和工作本身满足的是员工的生存需求，接纳、认可和交互满足的是员工的社交需求，成长和愿景使命满足的是员工的发展需求。

成长包括职业发展和员工成长两部分，它既是员工积极投入工作的重要原因，又是导致员工离职的重要原因。在员工职场动力的研究中，持续的动力来自4个方面，分别是精神激励、职场氛围、个人成长和物质激励。

成长是一个长期的过程，伴随着每个员工职业发展的全过程。从大学毕业的第一份工作，到最终所到达的职业高度，无论是成为组织的高管、自己创业做管理者，还是成为专业人士，职业成长贯穿始终。在当下不确定性增加的大环境中，成长变得更加重要，它确保了职业生存发展的能力。成长一般体现在3方面。第一，职业阶梯的上升，即在岗位和职级上不断升高；第二，知识技能提升，包括理论和实践知识，以及各种技能的提升；第三，认知能力提升，即综合能力的提升，包括见识、思考方式、眼界和社交圈等的提升。

一般来说，人们很容易看到工作职位和职级的变化，但容易忽略工作带给我们的知识经验及眼界的提升，而个人成长是人们更容易忽略的部分。个人成长不仅来自职场本身，还有很多来自职场之外，如社交、生活、精神和身体等。工作本身就能拓展社交圈子，丰富社交生活。规律的工作有利于身心健康。通过工作，员工也可以在生活上实现突破，例如，有能力买房买车、结婚生子等。

无论是职业成长还是个人成长，都值得借鉴第二曲线理论。第二曲线由英国管理思想家查尔斯·汉迪（Charles Handy）提出，他说，任何事物都有一个"产生—发展—高潮—衰退"的周期，为了保证持续成长和生命

力，我们要在第一曲线的衰退点到来之前，就开始一条新的曲线。也就是说，我们在原有的工作技能之外，也应该尽快开始学习全新的技能。

成长可以是方方面面的。对员工而言，成长的定义截然不同。美国管理学家艾德加·沙因（Edgar Schein）有一个职业锚点理论（见表 6.2），全面地描述了员工需要在职业中找到价值点。当人们能够满足自己的职业锚点时，他们的职业生涯就会更加充实和有意义。

表 6.2　不同职业的锚点（源自艾德加·沙因）

1	技术 / 职能	希望在某项技术或职能领域长期发展，不断挑战自己，并体现自身的价值，这样的人一般对管理不感兴趣
2	总经理	希望获得更高的职位，能够跨部门整合资源，并对组织整体的结果负责
3	自主权 / 独立	希望用自己的方式定义自己的工作，能够灵活安排工作时间和工作方式
4	安全 / 稳定	希望工作有保障和安全感，以获得财务安全，希望用忠诚度换取工作任期的承诺
5	创业 / 自己干	希望最终创建自己的组织，并取得成功
6	奉献于有意义的事业	追求有价值的工作，并奉献于有意义的事业
7	追求挑战	希望解决难题，战胜强硬的对手或挑战不可能
8	生活方式	希望生活和工作平衡，希望工作能够支持生活

我们可以从两个角度出发，强化组织管理中的"成长"这一动力要素。

（一）让组织为员工提供成长的土壤和条件

组织可以用成长作为交换，得到员工的投入和付出。而成长不只意味着对员工薪酬和职位的提升，还包括提供有挑战性的工作、给予员工更多的自主权等。

具体的办法有以下几种。

第一，支持员工转岗，向员工开放发展通道。艾德加·沙因还提出了职业发展的圆锥模型（见图 6.1），他认为，员工在组织中有 3 个发展通道。

第一个是向内发展，也就是从边缘部门向核心部门发展。第二个是水平发展，也就是在同一个层级，跨职能部门发展。第三个是垂直发展，也就是在同一职能上向上发展。3 个通道都能为员工带来明显的职业成长。

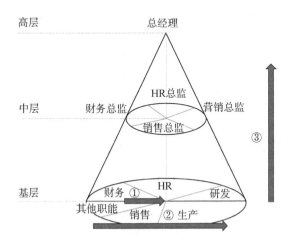

图 6.1　职业发展的圆锥模型（源自艾德加·沙因）

第二，建立中高层轮岗制度。轮岗制度是保持工作新鲜感、挑战性，同时促进员工不断成长的管理手段。轮岗指的是在职能线的不同岗位、不同职能线的岗位，或者不同区域的岗位之间进行轮换，从而培养和提升员工的能力，保持工作的挑战性和新鲜感。换岗频率可以是每两年进行一次。轮岗制度有利于培养复合型人才、提高创新力、提升员工能力并降低组织用人的风险。其弊端主要体现在专业性方面，轮岗有利于多面手的培养，但有些职能需要很强的专业性，并非什么人都能够胜任，对于这样的岗位建议在轮岗时重点关注，规避因为轮岗者的专业能力不足带来的风险。

第三，提供在职培训。通过在职培训，员工可以更快地上手工作，降低犯错的概率。对员工而言，在职培训是快速了解组织、融入组织、认识同事的最佳机会。通过在职培训，可以更快地发挥员工价值，减少工作失误。在职培训一般包括入职培训、知识和技能培训、产品和解决方案培训、软技能和管理能力培训、团建和组织培训等。除了满足在职培训本身的目的，通过在职培训还可以增强员工与组织之间的联系，让员工对组织产生更好的归属感和认同感。很多研究表明，在职培训对于吸引新员工入职、挽留老员工、提高组织的业绩表现有直接和间接的关系。领先组织到了一定阶段，都会成立相应的培训机构，来培养员工和干部。例如，华为、腾讯、阿里、中国移动、TCL 等众多头部组织，都有专业的员工培训机构。

（二）让员工为员工成长负起全部责任

作为员工，要认识到成长是自己的事。当员工把一切都交给组织的时候，也要认识到组织本身有可能被时代淘汰。因此，员工要从以下几个方面做出自我改变。

第一，自由选择并承担责任。每个员工都有自我实现的需求，即人在自我选择的基础之上，按照自己的想法经营自己的生活，决定自己要成为怎样的人。一个人通过重大选择，决定了自己的人生轨迹，并因此成为一个全人。每个选择都是一种冒险，作为组织中的员工，需要理解当前的每个选择都将改变自己的未来。在工作中，员工成长与否、成长多少，就在其每个具体的选择之中。

第二，懂得制定目标。在职场中得过且过的人，说得好听一点是一切听组织安排，说得不好听是没有主观能动性。员工要为自己的成长制定目标，无论是短期目标还是长期目标。首先要想清楚自己希望提升的领域。然后有原则地设置目标，让其具体、可衡量、有相关性、有时间节点。还要再找一个同行者或者导师，让对方在关键的时候给予一些监督、指导和鼓励。

（三）全面发展，时刻关注自己当下的状态

全人发展理论认为，人们的生活、工作等场景是相互关联的整体，人们在这些场景中扮演着不同的角色，这些角色相互影响，最终构成一个完

整的"全人"。这是一种全面系统地看待人生发展的思考方式，让人们看到自己的不足，并适时调整，做出改变。失衡的角色分配会导致失衡的人生，从而长期带来问题和伤害。

我们针对中国当下职场的特点开发出了一套全新的全人发展模型，如图 6.2 所示，从身体、精神、情绪、工作、生活和社交 6 个方面，考量员工在发展自己和发展与他人关系方面的整体情况。对员工而言，通过评估可以看清自己当下的整体发展情况，以及需要关注调整的方向。

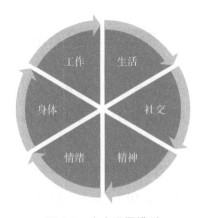

图 6.2　全人发展模型

全人发展模型最大的意义在于，提醒人们自己的人生并非只有一个方向和一个答案。比如，有时候我们觉得事业最重要，却忽略了生活；有时候我们为了社交天天吃吃喝喝，却忽略了自己的身体健康；有时候我们目标过于高远，每天都过得苦大仇深，却忘了人生其实永远只有三天——昨天、今天和明天，只有让每天都过得开开心心的，人生才是开开心心的。

如果组织中的员工具有全人发展的理念，就会不断地自我完善，让自己保持成长。一个追求全人发展的员工，会更加全面地看待工作，并把它当作实现自我价值不可或缺的一部分。这种员工对成长的追求，可以为组织提供源源不断的动力。

组织关心员工的成长，能够获得丰厚的回报。组织既要为员工的职业成长和个人成长提供土壤，提供多元的发展通道，又要为其提供内部换岗、轮岗、在职培训等多种有利于其成长的福利。

在任何组织中，员工都需要获得全新的成长。员工要为自己的成长负起全部责任，在不同的时期为自己的成长设置目标，通过主动选择和努力，活出自我，成为更好的自己。

第四节　类冠军组织的常见问题

冠军组织在侠客模式型组织、乐队模式型组织或混合模式型组织动力元素的基础上，增加了愿景使命这一动力元素。冠军组织不存在明显的动力陷阱。

在组织动力测评中，我们还发现了一种类冠军组织，这种组织具有明确的愿景使命，同时也有很好的职场氛围。但这种组织的动力存在明显短板，即基础不扎实，有夺得冠军之心，却无夺得冠军之力。

一、有"画大饼"嫌疑

"画大饼"确实是一种特殊的能力。事实上，许多组织在初创阶段都经历过"画大饼"的过程，但只有少数组织最终实现了目标，而大多数组织则未能如愿。1997 年，马云初创阿里巴巴时，对员工坦诚地说："如果你们愿意跟随我回家进行二次创业，那么工资可能只有 500 元，我们的办公室将设在我家里。对于未来，我尚有许多不确定，但我清楚我的目标——打造世界上最大的商家网站。"他给了员工三天的时间来考虑如何选择。结果，所有人都选择了留下，与他并肩作战。阿里巴巴最终取得了巨大的成功，那些最初的"元老们"也都成了亿万富翁。这无疑是"画大饼"能达到的最高境界——通过描绘一个宏伟的愿景，激发团队的激情和动力，最终实现共同的目标。

但是，若要持续"画大饼"而不给出实质激励，也容易导致员工表面逢迎而不真心投入，最终组织会陷入"管理者说大话，员工说假话"的虚假繁荣中。

二、有明显的短板

高使命愿景和良好的职场氛围，唯有与侠客模式、乐队模式或无明显短板的混合模式相结合，方能更好地展现其效果。与侠客模式结合，意在激发员工的潜能，进而追求卓越；与乐队模式结合，则在于激活组织的活力，同样追求卓越；与混合模式结合，其优势在于组织各方面均衡发展，无明显短板。然而，若无员工与组织的全心投入，追求卓越仅是一纸空谈，难以实现。因此，要想真正实现卓越，不仅需要高使命愿景和良好的职场氛围，还需要选择适合的模式，并确保员工与组织全力参与。

类冠军组织的动力陷阱，与其他3类模式的动力陷阱相似，均需要通过组织动力测评来识别并补强系统中的薄弱环节，从而实现改进。若业务特性更适宜集体作战，那么我们可以考虑补足乐队模式的不足之处，逐步向乐队模式靠拢；反之，若业务特性更适合个人独立作战，则可以考虑向侠客模式转化。通过这样的调整，组织能够更好地适应不同的业务场景，提升整体效能。

第七章

组织诊断：发现（识别）组织的真问题

第一节　组织动力测评模型

一、组织诊断将成为常规的服务项目

组织诊断就像体检一样，是常规的组织进行自我检查的方式。而"体检"的目的是找到组织存在的问题和短板，并通过变革让组织获得持续的动力。从中国目前的组织管理发展趋势来看，组织诊断将会成为常规的第三方服务项目之一。

首先，组织变革将更加频繁。不同于以往稳定大于变化的时代，未来很多组织可能将在变化中求发展。环境在变、市场在变、业务在变、客户在变，组织也不得不变。然而，组织的每次变化都必须小心，变什么、不

变什么，是组织必须看清楚的选择。

其次，组织变革的目的是建设确定的能力来应对不确定性。组织变革最怕的是为了变革而变革，甚至动摇了好不容易积累起来的根本。确定性能力来自某些元素，组织需要识别、保留或者加强这些元素。

最后，组织变革的真正难点是找到真问题。组织管理的挑战在于组织内普遍缺乏战略人力资源管理。很多组织已经打通了从业务分析、数据洞察到业务规划和目标设定的闭环，但在组织管理方面，到底哪些方法管用，哪些方法不管用，还缺乏完整的思考方式和方法论。很多常见的方法看似在解决问题，实际却在制造更多的问题。

总之，在组织变革日益频繁的时代，组织诊断也会更加常见，为变革提供方向指导。目前，组织不缺管理工具和方法，在技术实现上更没有任何难点。唯一的难点是如何识别真问题，找到组织变革的方向。

二、现实中的组织管理，有截然不同的模式

在不同时代的不同组织中，有效的管理方式截然不同。

从什么样的人可以当班长，就能看出不同时代、不同年级的班级组织需要什么样的管理方式。上小学时，我们班里谁有力气谁就是班长，而到了高中，谁学习好谁就是班长。因此我小时候从来没有当过班长，而是到了高中才开始当班长。在我们那个年代，从一年级到五年级，调皮捣蛋、打架斗殴的情况很多，班长不需要学习好，最重要的是个头高、有力量，能够维持课堂秩序，我们班的班长无一例外都是身强力壮的超龄男生。后来到了重点高中，学习成了所有人的共同追求，这个时候需要班干部起带头作用，学习认真、成绩好的学生开始成为班干部。这样的学生有威信，关键时候能够镇得住那些调皮的学生。这些年，我的两个儿子分别上了小学，我发现他们小学的班长都是学习很好、能说会道的女生。现在的孩子已经很少打架了，最多就是调皮捣蛋，维持秩序的方式已经从"动手"转

向了"动口"。

我的第一份工作是在武汉大学教书，教研室的管理就是每周组织老师们开一次会，每学期组织大家一起出去旅游一次。这时，作为组织中的员工，我感觉很自由，除了上好课，感觉不到任何来自组织的束缚。后来到了 IBM，我发现组织里所有的人都会按岗位做好分工，同时根据工作流程，协同作业，一切都特别符合科学管理的理念和精髓。这时候我感觉组织就是一个庞大的机器，每个员工都是一个小零件，只要把自己的螺丝拧紧，整个机器就能精确运转。IBM 像一个能够跳舞的大象，每个员工就只是大象身上的一小块肌肉或骨头，其管理是科学的、流程化的、可量化的整体。

从 IBM 到华为，组织和管理开始变得似曾相识但又完全不同。IBM 的科学管理系统讲究专业分工和流程化。该系统具有很强的稳定性，要求每个员工都是专业人士，把自己所在环节的工作做好，招人也是"一个萝卜一个坑"，每个"坑"都要用专业的"萝卜"来填。而华为就是一架飞机，部件与部件之间并没有完全耦合，一边漏着风、滴着雨，一边高速飞行。华为借用了一整套 IBM 的管理体系和流程，但并不生搬硬套，大的分工、协作按 IBM 的流程方法论来，小的分工、协作由管理者自行决定。对华为而言，科学管理的体系解决了整个组织大规模作战的问题，但华为保留了部门的"长官"负责制，以及其他灵活多变的打法。

在阿里巴巴，最有趣的地方在于小单元甚至个人作战的工作方式。阿里巴巴用互联网思维和内部管理平台，把管理的对象细化到每个员工。同一团队的同事之间各有各的项目，各有各的协作对象，各有各的业绩指标。从理论上讲，互联网思维能够最大限度地发挥每个员工的主观能动性，在实战中也的确创造了很多商业奇迹，1688、天猫、淘宝、支付宝、菜鸟、钉钉等创新业务层出不穷。这种管理方式颠覆了科层组织的管理逻辑，从某种程度上实现了"让每个员工都像 CEO 一样工作"，也体现了"生机勃勃又乱七八糟"。当然，这也具有极大的挑战，因为一旦业务需要大部队协同作战，这种单兵作战的模式将需要进行更多的调整。

正是因为我在截然不同的组织中生活和工作过，亲眼看到了各种组织和管理模式的利弊，当我听到组织和管理的各种说法后，总会觉得有点不太对劲。假如我们信奉 IBM 的管理模式，那么管理就需要专业分工和流程化，专业的人做专业的事情。假如我们信奉华为的管理模式，那么管理就是打造大部队协同作战的能力，实现从战略制定到执行的闭环。假如我们信奉阿里巴巴的管理模式，那么管理就是赋能每个人，让每个员工都像CEO 一样工作。

从现实中存在的各种组织形态来看，组织应该如何管理并没有标准答案，唯一正确的做法是，每个组织都应该根据自己的业务特点和团队情况，选择适合的组织管理模式。帮助每个组织识别并改进自己的组织管理模式，这就是我们做组织诊断的初衷。

三、组织动力测评——识别组织管理的特点

有人认为，管理组织应该从使命愿景出发，通过对战略、组织、人才、文化、机制等方面的思考，有效地推进组织的发展（Organizational Development）。这就好像在北京沿着四环绕了一圈，目的只是为了在家门口的超市买点饮料一样，吃力又不讨好。我在组织内外部做过多年的战略和业务研究，从战略、组织、文化等宏大的课题出发，最后落脚到组织发展上，前期要做大量的研究工作，这种研究并不是任何管理者都可以做的。如果这样去做组织诊断，很容易先把自己绕晕了。

组织管理专家杨国安提出了"杨三角"理论。他认为组织能力由员工能力、员工思维模式和员工治理方式 3 方面组成。在现实中，组织能力与员工能力并没有对应关系，员工能力强不一定组织能力强，员工能力弱不一定组织能力弱。组织能力与员工治理方式一定是有关的，只是员工治理方式又来自哪里呢？这个理论并没有说清楚。

我们的假设是无论组织用什么样的管理方式和管理政策，无论在做什么样的业务，最终都是为了释放组织动力。组织动力的强弱，并不取决于组织的大小、性质、管理方式，而是诸多因素共同作用的结果。在第二章中，我们提到了组织动力的 10 个元素，通过这 10 个元素，我们可以识别组织管理的模式和特点，并由此出发，明确组织管理可以改进的方向。

例如，有的工作根本不需要团队作业（例如，外卖员、出租车司机），这样的组织应该旗帜鲜明地采用侠客模式；有的工作必须以团队的形式作战才能成功，这样的组织应该优先考虑乐队模式。至于追求卓越，并非所有的组织有这个必要，这是少数组织和管理者的内在追求，目的是赋予组织脱颖而出的精神、性格和气质。

对于大多数混合模式型组织，重点是识别组织动力的组合情况，要么加强长板，要么补足短板。总之，要根据管理全貌进行改进。图 7.1 所示为 4 种组织动力模式。

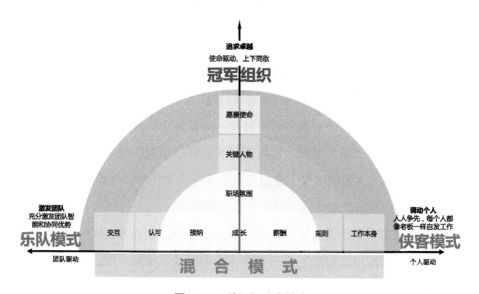

图 7.1 4 种组织动力模式

第二节　组织动力测评实践

一、组织动力测评

耳只科技是国内第一家用在线工具测评组织动力的组织。在我们的组织动力测评系统中，可以通过扫描快速判断组织动力的强弱，识别组织管理的特点，并分析出可改进的方向。

我们的组织动力测评模型适用于单一团队和复杂的大型组织，使用对象为组织管理者、团队管理者或人力资源管理者。

常规的组织诊断往往从组织的不同方面入手，找到单一维度存在的问题和需要改进的方向，局限是只从问题层面思考，找出一系列似是而非的问题，缺乏实用价值。

第一，组织是完整的有机体，要用系统的方法研究整体。第二，动力是组织的脉动，是组织状态最直接的表征。第三，组织动力千差万别，杜绝简单的对比。第四，组织动力要适配业务战略，要跳出"完美组织"陷阱，根据战略发展的需求，适配相应的动力组合。第五，没有一成不变的组织，通过系统诊断，组织在任何时候都可以找到提质增效的方向。

我们的测评从整体出发，系统地剖析组织动力，识别重启组织动力的关键或者提升组织动力的方向。

测评内容涵盖了影响组织动力的 10 个关键要素，旨在找出每个组织的动力组合模式，帮助管理者系统地理解自身组织当前的真实状态。同时，通过对照整体情况或组织的其他情况，更有助于了解组织自身的特点。

因为外部环境、业务发展和人员变动等因素，组织动力可能在 12 ～ 18 个月之后发生明显变化，需要持续测评，观察其发展趋势。测评采信组织中不同员工的观察和感受，并由此推导出整个组织的动力情况，形成报告。

在使用报告时，需要考虑样本的代表性和偏差问题。

二、组织动力测评报告

测评结果最终以 6 份子报告的形式呈现，得以全面展示组织中可能存在的问题。

第一份报告《组织动力排名》，有助于人们了解自己所在的组织在所有参与测评的组织中的相对位置。该报告将显示组织在组织动力和管理效率方面的相对水平。

第二份报告《了解组织特点》，有助于人们了解组织所表现出来的整体特点。该报告从员工的视角反映了组织当前的管理风格和特点。换句话说，就是反映了在员工眼中，组织在哪些方面表现不错，在哪些方面表现一般。了解员工对组织的整体看法，能够让管理者了解组织所展示的外部形象。

第三份报告《了解员工诉求》，反映了员工的期待和诉求，有助于组织了解员工的诉求和期待。换句话说，这份报告反映了在员工眼中，哪些动力元素可以更好地激发员工的积极性，并提高战斗力。一般来讲，高分值动力元素可能是员工已经被满足的需求，也可能是未被满足的需求。组织需要根据自身的特点进行解读并制定策略。

第四份报告《组织动力系数》，有助于人们了解组织在动力元素方面的具体表现。这里我们运用组织动力系数展示组织动力的组合方式。动力元素分值的高低代表着组织在该方面表现的优劣。尤其要注意那些明显高于（10% 以上）中位数的动力元素和明显低于（10% 以上）中位数的动力元素，它们分别是组织表现好的地方和需要提升的地方。

第五份报告《组织管理特点》，有助于人们了解组织在调动员工、激发团队和追求卓越 3 个方向上的特点和表现。这份报告可以通过对比，进一步展现组织管理的特点，包括相对优势和不足，有助于组织找到系统性解决问题的方向。

第六份报告《组织动力模式》，有助于人们从理论层面系统地了解组织动力的运行机制，找到改进管理的方向。这份报告反映了所在组织的动力模式的特点，是符合侠客模式、乐队模式，还是符合混合模式。同时，以上模式具备冠军之心和冠军气质之后，组织将升级为冠军组织，包括侠客模式型冠军组织、乐队模式型冠军组织和混合模式型冠军组织。通过这份报告可以看出组织动力模式、组织整体的管理特点及改进的方向。

第三节　组织动力测评案例

一、老板"画大饼"的人治组织——从集权向"类侠客模式"的转型

我们受邀对一家高科技行业的组织进行了组织动力测评，其所在行业深受大环境影响，正处于震荡当中。图 7.2 所示为该高科技行业组织的动力测评综合分数。测评结果显示，该组织的组织动力明显不足，在所有参与过本测评的组织中排名相对靠后。

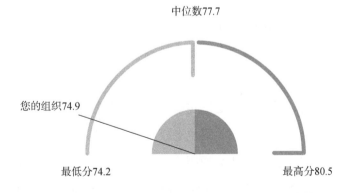

图 7.2　该高科技行业组织的组织动力测评综合分数

这是一家典型的采用"人治"的组织。测评结果显示，其组织动力主要来自3方面：关键人物、愿景使命和成长，其他元素均低于中位数，如图7.3所示。

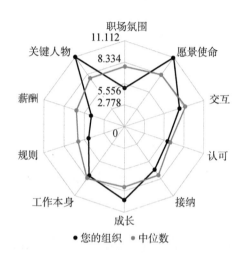

图7.3 该高科技行业组织的动力测评综合元素

在"关键人物"方面，这家组织的老板是最大的发动机，也是最大的短板。"火车跑得快，全靠车头带"，很多事情需要老板拍板和推动，老板在与不在，组织内部呈现两种状态。无论哪个环节出了问题，老板都需要亲自关注，推动解决。老板是组织动力最重要的引擎。这一点也在后来的沟通中得到了印证。我们发现，老板在的时候，组织内的工作能轻而易举地推动；老板出差期间，整个组织立刻处于群龙无首的状态。这位老板有体制内的履历背景，是典型的权威式管理者，对下属而言，多请示、多汇报，就能少担责、少犯错。

在"愿景使命"方面，对这家传统行业的高科技组织而言，"未来"就是它存在的合理性和合法性。这位老板对于未来有明确的设想和目标，这也是员工跟着他一起干的主要原因。我们把老板的这种能力称为"画大饼"，这是很多民营企业创业之初不得不做的事情。至少在这家组织，"画大饼"的效果不错。

在"成长"方面，很多人之所以在这里工作，图的是能学到东西，得到成长。这是一家行业细分领域的头部组织。同时，它的内部管理不太规范，每个员工都需要学会在工作中摸爬滚打，这样反而能得到最好的实战培训。这也是很多人选择继续留在这里工作的原因。

我们也对这家组织的员工进行了调研，在员工眼中，该组织存在的主要问题在于：在薪酬方面，由于大环境不好，刚刚做了集体降薪；在规则方面，管理不太规范；在职场氛围方面，总体氛围不够积极乐观；在交互方面，团队合作不足，内部沟通不畅。

总体来看，这是一家业务覆盖全国的组织，老板具有很强的人格魅力和战略眼光，组织内部也有明确的发展方向和前景。但不足之处在于，老板过于集权，规划、沟通、执行都需要过一遍手，导致信息流通、团队内部交互不足，职场氛围差。另外，过于"人治"导致了对"法治"的忽略，没有很好地建立起组织的管理规范。

我们认为，这家组织可以在两个方向进行有效的变革。第一，化整为零，把组织划分为更小的作战单元，向"类侠客模式"转型。让每个作战单元实行承包制，收入直接跟业绩挂钩，多劳多得。这样可以释放员工的工作积极性，减轻组织的负担。组织的主要职责是建立好管理规则，确保整个系统的顺利运转。第二，在现有情况下，补足 1 ～ 2 个短板。比如，该组织的薪酬在同行业里不算低，只是近期的集体降薪影响到了员工的判断和认知。对于薪酬，需要与员工加强沟通，提高员工的接受度；对于规范化管理不足，建议把和业务发展与组织动力直接相关的管理流程化、标准化，并在内部实施。当然，我们也认为规范化管理的最大阻力来自老板自己，这个工作需要他亲自落实。

测评后，该组织的管理层与董事长讨论决定，首先在第一个方向进行突破，在全国范围内设立若干个作战单元，每个单元有一定的独立性和自主权。就此，整个组织化整为零，充分释放了组织动力，更加灵活地开拓了区域市场。

二、"无为而治"的乡镇组织——管理的最高境界就是"不要管理"

这是一家规模不大的乡镇组织，却诠释了什么叫"无为而治"。对于很多类似规模的小组织，并不需要人为地主动管理，更考验的是老板的为人。

在找我们做组织诊断的客户中，这是规模最小的组织，员工只有十几人。然而令人惊讶的是，这家小组织的组织动力得分远高于大多数具有规模和技术优势的"正规军"。图7.4所示为该乡镇组织的动力测评综合分数。

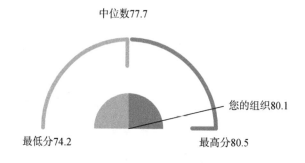

图7.4 该乡镇组织的动力测评综合分数

从组织诊断的结果看，这家组织是难得一见的乐队模式型组织。图7.5所示为该乡镇组织的动力测评综合元素。

乐队模式型组织的动力特点是充分释放团队的力量。想要实现这种模式，需要每个员工共享信息、相互配合、协调一致、共同进退，以赢得团队的胜利。这是一种类似于"攻守同盟"的模式，员工服从集体，集体大于员工，所有人为了集体的荣誉而战，组织也不会亏待那些在集体中默默奉献的员工。

测评发现，您所在组织的动力模式为　乐队模式

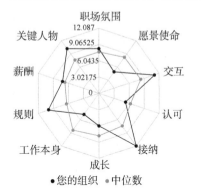

模式说明：

侠客模式	薪酬、工作本身、规则
乐队模式	交互、接纳、认可
混合模式	动力因素比较均衡
冠军组织/ 类冠军组织	职场氛围、关键人物、愿景使命

图7.5　该乡镇组织的动力测评综合元素

在帮助这家组织进行组织诊断的时候，为了能够更加系统地了解其组织管理的高明之处，我们也对一位员工进行了访谈，从她的视角解读这个组织。她叫闫会仙，于2007年从湖南长沙某学院毕业，之后的7年间曾先后在3家上市组织就职，最后选择了这家名不见经传的位于北京市平谷区的乡镇组织，至今已经在这里工作8年有余。

她说这份工作很符合自己的期待。第一，老板放权，不会指手画脚；第二，这里没有过高的KPI和烦琐的审批流程，工作让自己很自在。虽然谈不上什么大的发展，但原本工作对她而言就只是一份工作，工作是为了挣钱，养家糊口，她对工资虽不太满意，但也可以接受。况且自己在这里，工作氛围也很融洽，工作职责很清晰，只要做好自己的事情就好。作为快40岁的中年妇女，孩子也快上中学了，她没有再换工作的打算，在这里还能有足够的时间陪伴孩子茁壮成长。她在这家组织找到了简单的快乐，工作地点离家近，不仅能照顾父母和孩子，在工作中也找到了家一样的感觉。在她看来，工作和生活的重要性是一样的，各占50%。

好老板的定义就是"撒手掌柜"。在这家组织工作，每个员工的岗位职责都很明确，大家各司其职就可以。例如，库管就做好出库入库，如果有出库的任务他会主动跟司机打招呼，司机也会主动去车间沟通，盯生产进度。每个员工都有自己的职责范围，同时也都相互提醒，沟通都是喊一嗓子的事情。因此老板基本上不怎么参与管理，都是员工主动跟他汇报工作。老板如果需要做什么事直接告诉员工，员工直接去执行就可以。老板从来不会主动辞退人，员工基本上都是老熟人，对组织的事情也很了解。员工也都知道老板的脾气和性格，不用请示就知道老板是什么态度。

这里发生的一切都富有"人情味"。闫会仙讲了几个故事。一位车间操作工的丈夫得了脑血栓，全体员工得知后自发组织捐款，前往其家中探望，老板也特批她在家照顾丈夫半年，丈夫康复后继续上班。一位员工的婆婆因发生交通事故骨折，而丈夫在外地工作，婆婆手术期间只有自己陪同，于是组织里有人主动帮她分担了部分工作。因组织缺少人手，司机时常凌晨四五点出发取货，有时甚至需要在单位留宿，起早贪黑在组织工作10余年，默默奉献，从无怨言，他也是组织的全能王，不论是生产设备故障维修，还是单位里各处的修修补补，都能看到他的身影。

管理的最高境界就是"不要管理"。这个组织不像其他组织那样，除了分工明确，没有那么多规矩，管理者放权，员工很自由，相处很轻松；员工基本上都是工作8年以上的老员工，中午休息的时候，住得比较近的回家吃饭，像闫会仙这样，家在5千米之外的，每天都跟老板一家一起吃饭。逢年过节，老板也会给员工发福利。这里的每个员工都在做自己应该做的，凭良心做事，凭良心做人，各司其职，又相互补位。

三、缺乏规则的"侠客模式"——组织陷入各自为战的混乱中

下面的案例是一家以高薪激励员工著称的组织，薪酬是这家组织遥遥领先于其他组织的动力元素。另外，员工在工作中享有很高的自主权和自由度，每个员工都在"像CEO一样工作"，行业内称之为"一人成军"。同时，高度授权的工作方式对每个员工都是很好的锻炼，因此成长也是该组织重要

的组织动力元素。图 7.6 所示为该以高薪著称的组织动力测评综合元素。

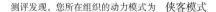

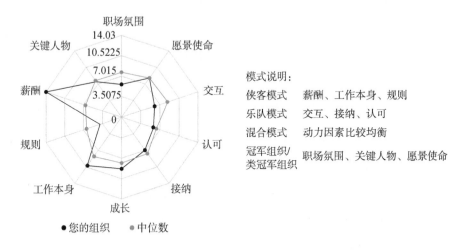

图 7.6　该以高薪著称的组织动力测评综合元素

对于这家组织，薪酬这一元素带来的组织动力遥遥领先于其他组织，但其组织动力的整体表现略低于中位数，排名靠后。由此可见，管理不只是发工资、发奖金、发股票。薪酬的确是最重要的组织动力来源，但只有高薪并不足以让一个组织充满活力。图 7.7 所示为该以高薪著称的组织动力测评综合分数。

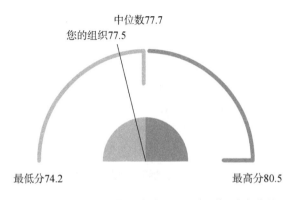

图 7.7　该以高薪著称的组织动力测评综合分数

　　由于薪酬管理制度不清晰，这家组织的每个员工虽然拿着很高的薪酬，但都觉得不公平。实际的高薪并没有带来有效的激励，反而破坏了职场氛围，损害了组织动力。这种损害来自3个方面：第一，规则不足导致了"人治"占主导，在组织里，员工认为"跟对人"比"做对事"更重要。在这种氛围中，向上管理成为最重要的技能之一。第二，提供高薪的同时薪酬管理制度不清晰，意味着"不讲武德"的内卷。好的项目大家一拥而上，重要但是短期见不到结果的项目则无人问津。第三，薪酬管理制度不清晰破坏职场氛围，导致丛林法则盛行，要做成事，需要靠关系、靠刷脸、靠老资格、靠谁更懂潜规则。这种情况对新人、不太懂人情世故的人、不懂得找"靠山"的人极为不利，同事之间相互竞争、彼此防备，造成"防火、防盗、防同事"的局面。长此以往，职场氛围变得复杂而压抑。图7.8所示为该以高薪著称的组织动力测评动力系数。

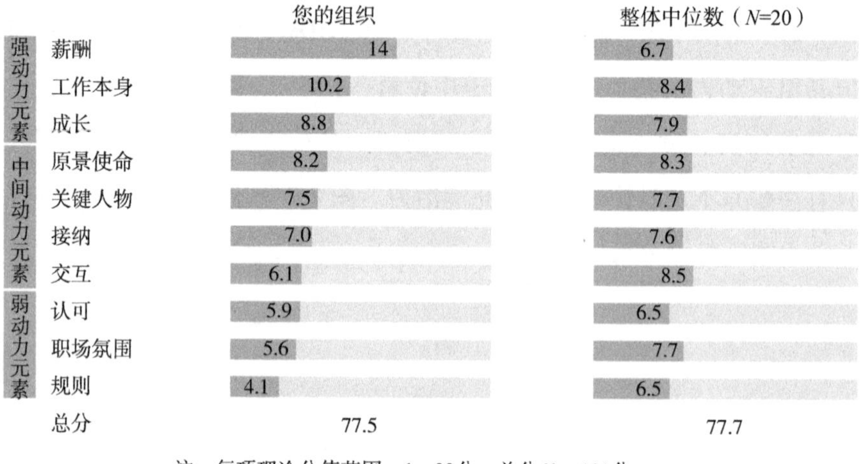

注：每项理论分值范围：1～22分，总分60～100分

测评显示，您所在组织的动力系数为77.5分，其中：

明显高于（10%以上）中位数（或者标杆企业）的动力元素为：薪酬、工作本身、成长

明显低于（10%以上）中位数（或者标杆企业）的动力元素为：规则、交互、职场氛围

图7.8　该以高薪著称的组织动力测评动力系数

在 20 家对标组织中，该组织在接纳、认可、交互 3 个方面均低于整体中位数。这意味着其在激发团队和团队协作方面远低于对标组织，尤其是在交互方面得分差距较大，说明员工之间缺乏信息交互，更缺乏团队协作的土壤。图 7.9 所示为该以高薪著称的组织在激发团队方面的动力测评结果。

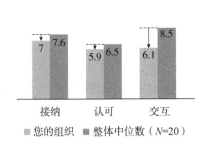

整体	分项		
激发团队	接纳	认可	交互
↓	→	→	↓

注："↑"为高于对标组织10%及以上；
"→"为与对标组织相当（±10%以内）；
"↓"为低于对标组织10%及以上。

在激发团队方面，组织动力表现低于整体；您的组织19.0分，整体中位数22.6分。

· 在接纳方面，组织动力表现与整体相当。
· 在认可方面，组织动力表现与整体相当。
· 在交互方面，组织动力表现低于整体。

图 7.9 该以高薪著称的组织在激发团队方面的动力测评结果

在 20 家对标组织中，该组织在薪酬和工作本身两个方面均高于整体中位数，在规则方面低于整体中位数。说明该组织用高薪吸引员工，同时用自主权和自由度放手让员工自由发挥，但在规则建设方面明显不足，导致员工之间容易出现恶性竞争的情况。可见，需要鼓励员工的"侠客精神"，让规则从制定到遵守的结果都更理想。图 7.10 所示为该以高薪著称的组织在调动员工方面的动力测评结果。

采用侠客模式的组织在竞争中有明显优势，得到充分激励的员工往往会迸发出巨大的工作能量，让组织可以快速奔跑，在短期内得到最大的发展。该组织虽然缺乏规则，但已经是典型的侠客模式了。

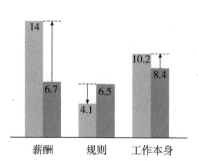

整体	分项		
调动个人	薪酬	规则	工作本身
↑	↑	↓	↑

注："↑"为高于对标组织10%及以上；
"→"为与对标组织相当（±10%以内）；
"↓"为低于对标组织10%及以上。

在调动个人方面，组织动力表现高于整体；您的组织28.3分，整体中位数21.6分。

· 在薪酬方面，组织动力表现高于整体。
· 在规则方面，组织动力表现低于整体。
· 在工作本身方面，组织动力表现高于整体。

图7.10　该以高薪著称的组织在调动员工方面的动力测评结果

因此，我们建议该组织补足规则建设，让系统实现逻辑自洽。一旦侠客模式型组织的动力、潜力得到充分释放，就能创造远高于其他组织的业绩表现。

当然，侠客模式型组织的成功有3个前提。第一，完美拆分业务，做到"包产到户"（业务不需要大规模团队协同）。第二，有足够的发展空间，让侠客们可以"万马奔腾、跑马圈地"（业务发展能够确保高薪）。第三，减少系统内的自我矛盾和摩擦，减少左右手互搏。例如，不要过于强调团队合作等与系统相悖的文化价值观，充分宣传侠客模式自由、高薪、多劳多得的特点，吸引更多的"侠客"加入。

我们还发现，侠客模式的单打独斗和短期主义现象，给该组织的研发团队和后台团队造成了很多困扰。这些部门需要大量的协作才能完成工作，但成果又很难切分清楚。例如，一个高科技研发项目需要很多人长时间的共同努力，很难说清楚哪个员工干得多、哪个员工干得少。在这些需要团队作战和长期主义的业务单元，我们建议修改薪酬和考核体系，让组织向乐队模式转化，使组织内的每个员工都能够安心工作。

第四节 其他组织诊断工具

以前做咨询的时候，我最喜欢带着放大镜去寻找问题。根据咨询的方法论，我发现各种组织到处都是风险和问题。后来接触的组织多了，发现根本就不存在完全符合所谓方法论的组织，更不存在完美的组织。再后来进入 IBM、华为、阿里巴巴，我发现这些外在管理名声不错的组织其内部也充满了各种问题。这就是为什么再好的饭店，都不会邀请客户到它的后厨，再好吃的菜，在制作过程中也是充满了并不美好的细节。

组织诊断也一样，当我们谈到某个组织的时候，很容易看到阴暗、不足、有问题的地方。然而，找到一大堆似是而非的问题，根本就不可能真正帮到组织。我们开始设计组织诊断工具的时候，考虑的始终是：如何找到真正的问题？作为研究者，我始终认为，如果不能识别关键问题，只是人云亦云而已，那么研究就没有任何价值。

一、从不同的视角，去识别关键问题

在识别关键问题的时候，研究者必须经历"小马过河"的考验——小马要过河，老牛说河水很浅，松鼠说河水很深。只有综合了各方的意见，才能做出正确的评估。出于这个逻辑，我们的组织诊断从一开始就做了有针对性的设计。

首先，组织诊断最好从多个视角切入，进行综合分析。组织诊断的矛盾领导力模型与管理者 360 度评估如图 7.11 所示。

其次，通过与他人对比才能找到真正的短板和关键问题。通过对比，我们发现自以为优势的地方，反而可能是短板；自以为劣势的地方，反而可能是优势。

最后，通过客观反映"是什么"，找到"怎么做"。通过我们的诊断，组织更容易找到改进策略的具体方向和方法。

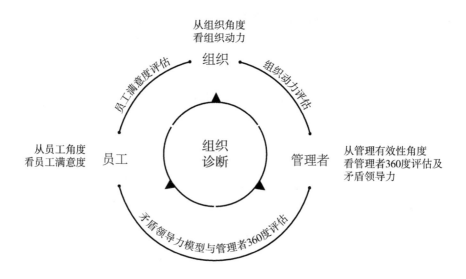

图 7.11　组织诊断的矛盾领导力模型与管理者 360 度评估

二、员工满意度测评——调节组织温度

员工满意度测评适用于单一团队和复杂的大型组织。测评的使用者为组织各层级管理者，或者人力资源部门的管理者及员工。测评旨在从整体角度系统地评估员工满意度，帮助管理者系统地理解组织现状，找到改进的方向。通过对照平均情况或其他组织，更有助于了解自己的组织所处的位置。测评采信组织中不同员工的主观感受，并由此推导出整个组织的情况。在使用报告时，需要考虑样本的代表性和偏差问题。

员工满意度测评结果分为 8 部分（其中⑧为可选）。

① 得分与排名：员工满意度整体得分，以及相对排名。

② 组织特点（整体）：通过测评了解组织所表现出来的整体特点。

③ 组织特点（具体）：了解组织所表现出来的具体特点。

④ 相对特点：了解组织与整体对比，表现出来的相对特点。

⑤ 相对特点（具体）：了解组织与整体对比，表现出来的具体特点。

⑥ 员工满意度对比报告：了解员工满意度与整体对比的情况。

⑦ 匿名反馈：聆听员工的心声。

⑧ 员工满意度年度对比报告：了解员工满意度年度 / 不同时间对比的情况。

员工满意度测评可以反映组织的温度，同时从员工视角反映组织在管理方面存在的特点和不足，有助于帮助管理者找到改进的方向。在实际测评中，可以根据标准化测评找到主要问题和方向，然后通过深度访谈、焦点座谈会等方式深挖根本原因和改进策略。

三、管理者 360 度评估及矛盾领导力测评

管理者的领导力和管理能力向来被认为是影响组织提高效率的重要元素，也是组织动力的 10 大元素之一。提升管理者的能力和素质，也是大多数组织发展的重要方向。我们的矛盾领导力测评采用的是矛盾领导力的逻辑，体现了管理者"既要……又要……"的能力要求。

矛盾领导力（Paradox Leadership）指的是管理者必须同时具备看似矛盾但又相互关联的能力，去处理工作中相互竞争的不同需求。通过测评，我们发现管理者必须具备的矛盾领导力为以下 15 对。

① 判断力与执行力：有很强的思考判断力，同时有很强的落地执行力。

② 知识经验与学习能力：有专业的知识和经验，同时有快速学习的能力。

③ 保持稳定与敢于创新：善于守成，深沉厚重，同时颠覆过往，主动求新。

④ 使命驱动和脚踏实地：有明确的愿景和使命感，同时求真务实、脚踏实地。

⑤ 自信与谦虚：相信自己的能力和判断，同时谦虚低调，保持空杯心态。

⑥ 正直诚信与善于权变：为人正直、诚实、守信，同时懂得及时调整和变通。

⑦ 善于表达与倾听：清晰地表达观点、思想、情感，同时关注他人的想法和感受。

⑧ 积极乐观与抗压皮实：始终保持积极乐观的心态，同时有强大的内心和定力。

⑨ 任务导向和人际敏感：从工作任务出发思考问题，同时善于建立和谐的人际关系。

⑩ 短期结果和长期发展：注重短期目标的实现，同时注重长期战略的坚持。

⑪ 打造一致性和尊重多元化：善于管控，打造团队的整体性，同时善于包容个性，打造多元化。

⑫ 宏观视野与关注细节：有全局和战略视野，同时关注细节，精益求精。

⑬ 独立作战与协同整合：善于独立作战打硬仗，同时善于整合资源搞协同。

⑭ 决断力和同理心：果断干脆，敢于取舍，同时将心比心换位思考。

⑮ 成就自我与成就他人：有强烈的自驱力和成就动机，同时善于培养和成就他人。

通过测评，我们可以明确每个岗位不同的矛盾领导力要求，并根据每个岗位的具体要求，评估该岗位管理者的能力水平。

关于管理者360度评估及矛盾领导力测评，我们从管理的真实场景和相匹配的能力要求出发，识别不同管理岗位需要具备的领导力模型，用定制的能力模型对管理者进行评估。之所以开发矛盾领导力测评，主要源于实战中我们对管理者的要求往往是"既要……又要……"的矛盾体。管理者既要会做事，又要会做人；既要指明方向，又要支持落地。

管理者面临的环境复杂多变，需要在不同的时间和地点调动不同的能力组合。而在常见的领导力测评模型中，对能力元素都是单向评估的，不同能力元素之间的关系被忽略。面对复杂多变的管理需求，组合能力要远比单项能力更重要。其次，"既要……又要……"的矛盾性对不同管理者的要求也不同。例如，"判断力"和"执行力"就是"看得清"和"做得到"的能力组合，但在不同的管理者中，对二者的要求比重不同。例如，高层可能更需要"看得清"，一线管理者可能更需要"做得到"。管理者需要系统地理解岗位需求的多样化和能力要求的多元性。我们的测评模型可以依据行业、组织规模和组织复杂性等，帮助管理者了解岗位要求和员工所需的能力，从而找到自我提升的方向。

《管理者360度评估及矛盾领导力测评》报告总共分为以下6个部分。

第一部分是岗位领导力模型对单项能力的要求，包括评估对象的前10个岗位领导力要求，以及对组织中同层级、其他同职能／层级的岗位领导力的要求，方便进行全面的对比分析。

第二部分是岗位领导力模型对矛盾领导力的要求，包括评估对象的前6组岗位矛盾领导力要求，以及组织同层级、其他同职能／层级的岗位矛盾领导力要求，方便进行全面的对比分析。

第三部分是领导力得分及排名。根据岗位领导力的要求、评估对象的领导力得分，看到与组织同层级管理者、其他同职能／层级管理者的对比情况。

第四部分是整体表现。通过比较员工的表现与岗位要求，识别整体能力的强弱项。

第五部分是优势和不足。通过员工表现与同层级管理者、其他同职能／层级管理者的横向对比，识别能力强弱项，以做出有针对性的改变。

第六部分是匿名反馈。该部分直接呈现了同事对评估对象能力和表现的评价。

《管理者360度评估及矛盾领导力测评》报告可以用来评估一个组织

整体的领导力水平，也可以用来对每个管理者的能力进行全面评估。通过评估，上级可以对下级管理者提出更有针对性的改进建议，并通过管理者改善管理水平，提升组织动力。

第八章

重启组织动力之路——总体解决方案

第一节　动力重启——组织变革的底层逻辑

组织进行变革是为了配合业务发展的目标，重新梳理动力系统，使组织获得期待的业务结果。经过组织诊断，每个组织都有两个可以变革的方向：一是打补丁、补短板，即补齐系统的短板，使系统运营更加通畅；二是彻底改变底层逻辑，改变组织动力的组合方式，要么释放员工，要么激发团队，要么重塑组织总体的精神面貌。

一、组织动力重启的 3 个方向

对管理者而言，通过组织诊断可以看到组织动力元素的组合情况，进而分析得出组织业务和管理的特点，选择有利于组织变革的方向。

第一个方向是安心做一家混合模式型组织。就像每个普通人一样，混合模式有问题也有优点，会带来烦恼，但也有令人幸福之处。成为混合模式型组织，好处就是对组织内部的管理问题不必过于重视，也无须过于担心。如果问题层出不穷，那就一个个来解决。

第二个方向是向侠客模式型组织和乐队模式型组织发展、转型。侠客模式型组织和乐队模式型组织是其他组织很好的学习对象，前者具有极强的发展动力，在竞争中往往遥遥领先，后者具有很强的生命力和组织协同作战能力，在竞争中也往往让对手无计可施。

第三个方向是学习冠军组织，在组织动力系统没有明显短板的情况下，通过梳理明确的发展目标、完善领导力、提升组织氛围等方式，让组织目标一致、上下齐欲，最终脱颖而出。

二、组织动力模式背后的业务逻辑

业务的发展决定了组织管理的方式和特点，组织管理反过来也会影响业务的发展。组织动力模式既是业务发展的结果，又是业务进一步发展的动力来源。因此，组织动力模式的选择，应该匹配不同业务发展的逻辑（见图 8.1 ）。

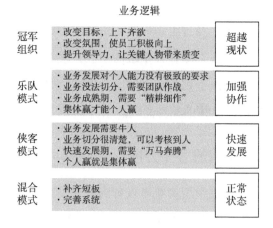

图 8.1 不同组织动力模式的业务逻辑

混合模式适合综合发展处在正常状态下的组织，有利于补齐短板，完善自身的系统。

侠客模式适合综合发展处在快速发展期的组织。在快速发展期，业务发展需要牛人，切分很清楚，可以考核到人，组织需要"万马奔腾"，呈现一种个人赢就是集体赢的局面。适合侠客模式的组织有网络打车平台、房地产中介公司和保险经纪公司等。

乐队模式适合综合发展处在需要加强协作阶段的组织。这时组织内的业务处在成熟期，业务发展对个人能力没有极致的要求，没法切分，需要团队作战，也需要"精耕细作"，呈现一种集体赢才能个人赢的局面。适合乐队模式的组织有能源和资源型公司（如金融、石油、电力），以及基于劳动分工与流程化作业的高科技公司等。

冠军模式适合综合发展处在需要超越现状阶段的组织。这时组织需要改变目标，上下齐欲，也需要改变氛围，使员工更加积极向上，还需要人的精神力量作为重要的管理能力补充，即提升领导力，让关键人物带来质变。大多数组织在上市之前，更容易进入冠军模式。

第二节　变革是组织的常态

古希腊哲学家赫拉克利特说，人不能两次踏进同一条河流。我在阿里巴巴处于市值与社会声誉上升期时进入这家组织，到我离开的时候，它与此前已经截然不同。形势在变、业务在变、客户在变、员工在变，组织不可能不变，所以用同一种管理逻辑和思路来管理不同时期的组织，必然导致失败。

一、为什么上市之后，有些组织会陷入魔怔

失败常常是从最辉煌的时刻开始的。有些组织上市后，不懂得及时调整，反而走向魔怔。

下面介绍一个组织诊断案例，这是一家在 3 年前上市的组织。上市之前，组织上下齐心协力，成就了一番事业，也成就了千百个腰缠万贯的富翁，同时推高了员工的薪酬水平。但上市之后，组织规模快速膨胀，从市场中招募了众多行业精英。随着组织规模扩大，一批创业元老走上了管理岗位，并快速组建、成立起一个个以他们为中心的业务项目组，在资本的支持下，开始了"二次创业"的尝试，业务板块不断扩张，四面出击。这时候，组织内部所有的人都已经明确感觉到组织陷入了混乱中，管理者各自为战、目标不一、山头林立。上市之前的斗志和团结早已不在，取而代之的是种种乱象。这一切的背后推手就是上市本身。

首先，上市之后，组织文化必然发生变化。

《欧洲财务管理》发表过一篇名为《组织文化与 IPO》的研究，通过分析 1996 年至 2011 年 1157 家美国上市组织的样本后发现，上市之后，组织文化一般会发生较大变化。相比没有风险投资的组织，有风险投资的组织在组织文化上会呈现明显的两个变化。相比上市前，这些组织的竞争型文化上升 54.2%，创造型文化上升 30.5%。这意味着组织会在两个方向上发生巨变：更加强调结果导向，从而在内部和外部倡导竞争文化；更加强调创新和适应能力。

其次，上市之后的组织撕裂必然加剧。

在经历过上市辉煌的组织中，有两类人彼此之间产生了冲突。一类是组织上市之前跟老板打天下的既得利益者，他们能力稍差，但忠诚度高。上市让他们成为富翁的同时，也将他们推上了管理岗位。另一类是组织上市之后高薪请进来的"市场派"，他们的能力强但没有赶上好时候，必须

屈居人下，被前者管理着。一旦处理不好这两类人的关系，将直接影响组织上市之后的走向和发展。问题是当同时遇到上市这种看得见的变化，以及组织文化、团队氛围这种看不见的变化的时候，组织应该怎么应对？

二、组织变革的目标是实现熵减

熵增定律认为，在没有外力介入的情况下，封闭的系统必然会走向熵增（无序状态增加）。对于组织这种半封闭的系统，当出现一些问题的时候，如果不加以干涉，组织便会越来越臃肿，管理者越来越官僚化，资源越来越向部分人倾斜，内部秩序越来越乱。那些成功的组织会通过有目的的"折腾"，来达到熵减的目的。

这时就需要调节回路，即进行有意识的干预。调节后，如果不加以干涉，系统又会不断增强原有的做法，出现熵增的结果。每个成功的组织都在不断调节当中，让系统一次次重新找回应有的秩序。

从熵增到熵减，组织有两种选择。一是让系统从封闭走向开放，二是调节回路。

熵增理论深得华为总裁任正非的认可，华为也把熵增理论广泛用于管理当中。其一，华为坚持自我批判，不断找到熵增的问题和方向，并在第一时间进行改进。其二，人必然会犯懒和产生惰性，华为通过"以奋斗者为本，长期艰苦奋斗"的理念，以及"不让奋斗者吃亏"的薪酬考核制度，不断激活员工的积极性。其三，组织一旦固定就会僵化，就会走向熵增。因此，华为采取管理者能上能下、人员能进能出、收入能多能少的方式，让整个组织流动起来。其四，华为默认任何岗位满三年必须轮岗，一方面可以防止腐败、懒政，杜绝利益集团的形成；另一方面可以培养员工的跨专业能力，培养干部队伍。

我在 IBM 工作的时候，发现 IBM 每年都会有明显的组织管理方法和业务的变化。这家组织成为"百年老店"，根本原因就在于大的转型不停、小的变革不断。在 IBM 的发展历史中，脱胎换骨的组织变革有好几次。第一次变革是从老沃森集权和人治，转向事业部制和科学管理。第二次变革是为了适应全球化运营而采取矩阵式架构，形成区域和业务二维架构，进一步细化了科学管理。第三次变革是为了解决组织壁垒林立和协同成本飙升的问题，在郭士纳主导下走向"One IBM"，权力再次集中，打造按产品、地域和行业分类的三维矩阵，强化协同共赢，打造以客户为中心的敏捷组织。

三、组织变革的次序：目标 > 规则 > 要素

每个组织都是一个复杂的系统。对系统来说，整体大于部分之和。任何一个系统都包括要素、规则和目标。它具有适应性、动态性和目的性，并可以自组织、自我保护与演进。

（1）要素分为有形的和无形的两种。对一个组织而言，资金、厂房、员工和产品是有形的要素，品牌和文化是无形的要素。

（2）规则分为明规则和潜规则。对一个组织而言，明规则就是那些明文规定的规章制度、员工手册等。潜规则是组织内部的亚文化、"歪门邪道"等。

（3）目标分为真实的目标和标榜的目标。对一个组织而言，标榜的目标是老板虚假的口号，只是口头说说的目标。例如，有的组织以"圈钱"为目的，对外却宣称要创造客户价值或者社会价值。对系统而言，真正影响它的是真实的目标。

目标还可以分为整体目标和子目标。例如，组织的整体目标是营收增长，子目标是保障产品研发质量、提高客户满意度等。

一个组织最重要的是系统的目标，其次是为目标服务的规则，以及服务于目标和规则的要素。一个组织只要保持目标和规则不变，就能保证组织的稳定性。

换人对一个组织的影响不大。军队每年都会更换大量军人，但并不影响军队的战斗力和稳定性。原因就在于，军队"打赢战争"的目标始终不变，"一切行动听指挥"的规则始终不变。这时候无论怎么更换军人，都不会影响军队的稳定性，这就是"铁打的营盘流水的兵"。设想一下，如果军队的目标不是"打赢战争"，而是各自保命，那么军队将瞬间失去战斗力。如果军队的规则不再是"一切行动听指挥"，而是各行其是，那么军队将瞬间变成一群乌合之众。

这就是为什么很多组织经历过大规模裁员，却不影响之后的继续发展。对一个组织而言，张三还是李四都只是"要素"而已，组织用谁都一样。在前面我们也提到过，有的人是能够改变组织目标和规则的"关键要素"，更换他们，将对组织带来重大影响。

对组织的变革而言，最彻底的是改变目标，其次是改变规则，改变要素的效果最小。

第三节　组织变革的案例

谈到组织转型或变革，人们最容易看到的是业务的变化，也更容易从业务的角度看到成功的逻辑。实际上，每次成功转型的背后，都是一次组织的重塑。

2017年8月2日，徐留平赴中国第一汽车集团有限公司（简称"一汽集团"）担任董事长、党委书记。他上任之后，一汽集团的销售额从2017年的4699亿元增长到2022年的6300亿元。从徐留平2017年上任到2023年离任，红旗汽车的销量从2017年的4700辆增长到了2022年的超30万辆，增长超60倍。

徐留平到底从哪些方面带动了一汽集团的组织变革？

第一，他改变了组织的目标。

上任第一天，徐留平就提出："一汽集团是汽车产业的共和国长子，60多年来，作为中国汽车行业的摇篮，这家组织做出了很多历史性贡献，从国家、社会层面讲，一汽集团必须承载起'汽车强国梦'的重大责任。"

2018年，徐留平明确了一汽集团的5年目标——到2023年，实现整车销量590万辆，营业收入超9000亿元，利润超800亿元，人均收入超18万元，把一汽集团打造成世界一流的移动出行服务组织。同时，他发布了把新红旗汽车打造成为"中国一流、世界一流"的新高尚品牌的战略目标。

2019年，徐留平发布了"3341"行动计划——用3年时间，在自主整车、合资整车、新型服务业务领域实施龙腾、虎跃和飞马行动，提升规模、效益与效率、员工的发展和能力，最终实现"中国一流、世界一流"的目标。

2021年，徐留平发布了新的目标——到2025年，年销量达到650万辆，年收入超万亿元，年利润超680亿元，建成"世界一流"的汽车品牌。

第二，他改变了规则，从"铁饭碗"到"聘用制"，重新激活了组织。

徐留平上任时，一汽集团旗下有30多个子组织和控股组织，注册员工有15万人，还有庞大的经销商生态。整个组织僵化、活力不足，员工抱着"铁饭碗"消极怠工。2017年，徐留平赴任不久就发起了一场"全体起立"的人事改革，8000多人要在一周以内重新竞聘上岗。此后，徐留平通过推进"员工能进能出、干部能上能下、薪酬能高能低、机构能增能减"的"四能改革"，让组织效率和活力有了大幅提升。

第三，他进行了部门的重组优化。

徐留平对总部的职能进行了重新梳理，把23个部门重组优化为18个，对生产、研发、质保、营销等各个方面加强管理，直接支持红旗品牌的发展。为了提升技术研发的作用，他又重组了一汽集团技术中心，设立研发、造型、新能源、智能网联4个研究院，在某种程度上缩短了技术面向市场的链路。

徐留平在一汽集团的改革之所以成功，首先是改变了组织的目标，用新的目标带动组织的变化。围绕目标的实现，改变了组织的游戏规则，让原本僵化的半封闭组织进一步开放，实现熵减的目的。为了进一步提升响应速度，让一汽集团更好地支持业务，徐留平重组优化了集团职能部门和研发部门，提升了整个系统的响应速度。

第四节　组织变革的系统逻辑——变革七律

一、从组织诊断到组织变革

做战略分析和咨询时间久了以后，我发现一般的顾问善于把简单的事情复杂化，化简为繁；而做咨询的高手善于把复杂的事情简单化，化繁为简。前者善于使用各种模型和方法论，后者善于通过规律抓本质。不管顾问是什么水平，最重要的能力是"找到真问题"，否则任何方案都会增加新的难题，而不是解决问题。

组织诊断追求的就是找到真问题。真问题既包括业务逻辑，又包括组织逻辑，这是很多人力资源管理者面临的挑战。组织管理是保障业务逻辑的重要动力来源，但在很多组织中，人力资源管理者更多地听命于业务，根据业务的短期需求进行人员的选育用留。长此以往，导致很多组织重运营、轻管理，管理完全成为短期业务目标的附庸。我们的组织管理很多时候跟中国的应试教育体系一样，老师只盯着分数，管理者只盯着绩效。久而久之，学生失去了全面发展的能力，组织失去了创造性和活力，形成恶性循环。

一个好的组织，既要从业务逻辑出发解决业务问题，又要从组织逻辑出发充分释放组织动力，使二者相互促进、相互提升。如果缺乏适宜的组织土壤，纯业务视角的变革很难成功。如果缺乏业务目标，纯组织视角的变革也像毫无意义的自我折腾。

二、变革七律

此前我们已经阐述了几个组织动力模式：侠客模式、乐队模式、混合模式及冠军组织，也分析了系统变革的次序：先改变目标，再改变规则，最后改变关键要素。我们认为组织变革必须同步解决业务增长和组织动力的问题。在这个大原则之下，我们整理了常见组织变革的方向和规律，总结为"变革七律"，如图 8.2 所示。

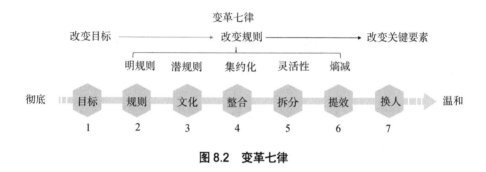

图 8.2　变革七律

在变革七律中，从彻底变化到温和变化，总共有 7 个方向可以选择。改变的方向包括：目标、规则、文化、整合、拆分、提效和换人（此处指的是关键人物）。

（一）杜绝"PPT 变革"

绝大多数变革之所以失败，是因为它只出现在 PPT 里，并没有得到组织上下的认真对待。组织系统是一个聪明的有机体，喊口号骗不了它。比如有的组织呼吁大家团队协作，但系统使用的却是鼓励竞争的末位淘汰制，这样虚伪的口号根本就不可能带来任何实质的变化。

在"变革七律"中，尤其是要识别那些口头的变革，杜绝似是而非的折腾给组织带来更大的伤害。组织"变革"的假象如图 8.3 所示。

图 8.3 组织"变革"的假象

① 宣称的目标：组织从上到下没有经过考证的目标和意义，目标和意义只局限于高层，没有经过广泛讨论，也没有在组织内达成广泛共识。

② 墙上的规则：组织内的用人、提拔与考核规则看起来正确，但与组织动力底层逻辑背道而驰，组织内也没有合理的竞争与合作潜规则。

③ 墙上的文化：组织内缺乏认真、严肃、有指导意义的作风和文化。很多组织想当然地把一些美好的愿望挂在墙上，但并没有落实到全体员工的思想和行为之中。不认真的组织文化，不如没有，一切听从法律、道德和社会良俗。

④ 形式上的整合：组织在形式上整合了团队和业务，但实际工作中原来的团队还是各做各的，没有达到规模化、集约化的效果，没有让组织内部呈现权力集中的状态。

⑤ 形式上的拆分：组织在形式上拆分了团队和业务，但被拆分的团队并没有获得更大的自主权和自由度，没有让组织内部呈现权力分散的状态。

⑥ 转移绩效负担：组织没有按照业务流程进行提速增效，让组织呈现管理熵减的状态。简单来说，就是组织面对深层问题时，选择了更容易的、看似有效的解决方法来缓解症状，而非彻底解决问题。例如，组织把销售

目标简单粗暴地分到团队头上，或者成立一个新的部门，把完不成的业绩目标转嫁给新团队。再例如，组织内部相互推诿，业绩不好的时候销售部怪市场部，市场部怪研发部，研发部怪财务部不拨款。

⑦ 简单换人：组织没有更换关键人物，没有在提升领导力层面做出改变，而是简单地"不行就换人"，寄希望于随便换一个新人就能解决问题，实际上很多问题出自系统本身，简单地换人于事无补。前面我们已经论证过，人只是组织系统中的要素，改变要素很难带来系统的改变。

（二）将组织变革落到实处

我在 IBM、华为、阿里巴巴工作期间，组织内部都经过多次组织架构的调整。IBM 的业务、打法和战略方向的调整，基本上一年一次。华为的人事调整比较频繁，但组织架构相对稳定。阿里巴巴则经常进行汇报线的调整。在阿里巴巴入职 5 周年受戒仪式上，张勇问大礼堂的同学 5 年内直线汇报的管理者换过几次。举手回答的人说 5 次、6 次、7 次甚至 10 次以上的都有，这就是这家组织的管理特色。有时候，员工刚和管理者磨合好，对未来业务应该怎么做也达成了一致，结果又新换了一个管理者，带来了一套全新的思路。

组织变动过于频繁，必然会影响业务的连贯性和稳定性。IBM 的每次组织变革都能做得比较到位，不只是业务调整，组织和人也会随之变化。最重要的是，它的管理体系很稳定，人员选拔、绩效、工资待遇等是一套成形的打法，无论业务怎么变，管理规则基本不变。这样就保证了组织变革更容易成功。作为员工，还是享受着以前的工资待遇，考核的规则基本不变，只不过做了新的业务，变化基本不会带来很大的冲击。

在华为和阿里巴巴，组织变革不仅是业务和打法的变化，更重要的是管理者变了，考核的标准也会随之变化。员工在前管理者的手下很快就能做出成绩了，结果换了一个管理者，又得从头再来。这样的变化对员工和组织动力的伤害更大。

真正的变革不只体现在业务方面，还要能落到组织系统中，改变组织的行为。围绕业务的变化，组织变革可以参考"变革七律"，让变革落到实处，全面提升组织动力。

第一，调整目标。提出令人信服的目标，并在组织内部达成广泛共识。

第二，改变规则。认真对待规则的制定和修改，让规则为业务增长和组织动力服务，包括用人、选拔和考核的规则。

第三，改变文化和作风。真正的组织文化需要解答3个问题：我是谁、我如何思考、我如何行动。这3个问题包含组织的自我认知，对世界、挑战、业务、产品等的看法，以及日常行为准则。一般来讲，只有高于法律、道德和社会良俗的组织文化，才有认真提倡的意义。

第四，整合团队和业务，以实现规模化和集约化的效果，加大总部集权和控制，降低成本和风险。

第五，拆分团队和业务，提高员工的自主权和自由度，让组织有更多的灵活性和创造性，加大给管理者的授权，以加快决策速度，提高组织效率。

第六，提速增效。提升原有业务的速度和效率，既包括研发、生产、供应链、物流、客服等环节上的提效，又包括提倡信息透明、加强知识分享、汇报线扁平化等管理上的熵减手段。

第七，更换关键人物。使用关键人物来改变组织的目标、规则和氛围，也可以提升关键人物的管理力，让其起到模范带头作用。

组织变革是组织不断激发活力、提升组织动力的管理手段。未来组织不仅要向外寻求发展的机会，也要向内寻求发展的动力，只有二者结合，才能获得系统化的生存和发展能力。

第九章

对未来组织的设想

第一节　企业没有围墙，管理没有边界

科学管理正面临巨大的挑战。

我们先来回顾近几年发生的几个事件，以及这些事件对组织的影响。

2018 年 8 月 31 日，刘强东涉嫌强奸被拘留，9 月 1 日下午 4 点后被释放，京东股价在后续两个多月内连续下跌。如果你是京东员工，该事件对你的工作动力有影响吗？

2020 年 4 月 17 日，阿里巴巴未来接班人热门候选人蒋凡被曝出轨张大奕；2021 年 4 月 10 日，阿里巴巴被行政处罚 182.28 亿元；2021 年 8 月 7 日，阿里巴巴女员工周某在公司内网发长文，声称被男领导和客户灌酒猥亵；2021 年 10 月 23 日，马云在外滩金融峰会讲话，引发了金融圈的"地震"；

2023年3月28日，阿里巴巴启动"1+6+*N*"组织变革。如果你是阿里巴巴的员工，这一系列事件对你的工作动力有影响吗？如果你说没有影响，那么"807事件"之后，阿里巴巴员工自发成立一个群，在内网发了一份《6000名阿里人关于807事件的联合倡议》，说明类似的事件对员工一定是有影响的。

2024年2月25日，宗庆后先生去世，同样通过"卖水"成为中国首富的钟睒睒被卷入舆论的漩涡。2月28日，在宗老的追悼会上，钟睒睒没有亲自到场，送上了花圈和挽联，上面写道"沉痛悼念宗庆后同志"。3月3日，钟睒睒发表《我与宗老二三事》，不仅没能力挽狂澜，反而引发了更大的网络情绪。随后网友们发现，钟睒睒的儿子钟墅子是美籍华人。接着网友发现，农夫山泉在甘肃地震后为灾区捐赠了24000瓶矿泉水。3月22日，农夫山泉母公司养生堂表示，截至去年底，公司的社会捐赠总额已超9亿元。不过为时已晚，负面舆论已经造成巨大的声誉损失。

现在问题来了，一号位的言行、内部员工的认同问题、外部社会的品牌认同问题，以及一些突发事件，有没有超出管理的边界？当我在总裁班一一列举曾经发生过的真实事件，并提出"在您的公司，这种事管不管？谁来管？怎么管？"时，得到的答案各有千秋。对于类似的情况，大多数管理者都没有预案。

科学管理的精髓是劳动分工和流程化，这一精髓正在被现实冲击得粉碎。因为不论怎么分工，你都会发现，真正的挑战来自劳动分工的"三不管地带"，或者存在职能冲突的部分。

员工身上的突发事件导致公司声誉受损，该由HR负责还是由品牌部门负责？

管理者不良言行影响公司，该由谁负责事先监督及事后善后？

管理者做网红或者直播带货，到底利大于弊还是弊大于利？该由谁为之负责？

关于战略财务问题，是由战略部负责还是由财务部负责？

关于组织变革问题，是由老板负责、战略部负责还是由 HR 负责？

员工缺乏战略共识和公司认同，是由业务管理者负责还是由 HR 负责？

作为组织的管理者，不论是负责一个企业还是负责一个团队，必须明白，组织内发生的所有看得见和看不见的事情都需要关注到。小到某个重要员工的情绪问题、整个团队的士气问题、会议室中没有人说实话的氛围，大到团队的目标不统一、沟通不到位、考核标准不统一等问题，都需要在它还没有成为问题之前主动解决，以免形成更大的问题。

第二节　越是重要的事情越没有人管

作为组织研究者，我对潜在的问题和风险特别敏感。此前在大公司任职期间，同事们散步的时候聊起一些奇葩的现象，总会忍不住抱怨几句："这么重要的事情，竟然没有人认真对待？""这种会让公司致死的问题，根本就没人管？"

例如，公司的战略方向一定是 CEO 要考虑的最重要的问题，最起码要"大致正确"。任正非说："一个公司取得成功有两个关键：方向要大致正确；组织要充满活力。"其实华为的成功，从来都是在正确的方向上努力。从 3G 到 4G，再到 5G，进入机会明确的智能手机市场及汽车市场，没有一个不是正确的方向。但可惜，很多时候企业并没有认真论证过未来机会的正确性就杀了进去，结果可想而知。

由于职能部门恪守边界、各扫门前雪，导致越是重要的事情越没有人管。从业务线到组织线，影响生存的风险预警、影响发展的机会预测、影响当下的战略解码和组织变革，以及影响长期健康发展的组织动力监测，都是重要而不紧急的事情。在很多组织中，这些工作要么都是空白的，要么全靠老板一个人思考，重要的事情反而无人负责。组织中重要而不紧急的事情如图 9.1 所示。

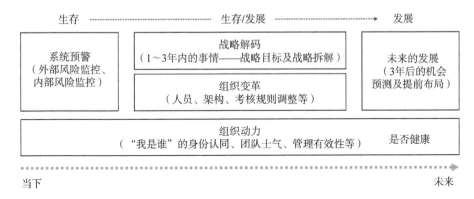

图 9.1　组织中重要而不紧急的事情

在企业发展大环境良好的时候，企业只需全心做好当下的业务，不需要过多关注风险和未来的机会等。组织动力也只需通过发展来解决，只要企业发展了，就可以"一白遮百丑"。一旦大环境恶化、企业发展受阻，重要而不紧急的问题就会跳出来，成为企业的"生死门"。

第三节　管理的职责是构建自我进化的动力系统

我一直在想：如果要重新书写管理的理念，应该用一句什么样的话来进行总结？管理者既要躬身入局，又要随时跳出组织看组织。一个管理者，既要管好自己，又要管好组织，还要兼容更大的系统。如果用一句话来描述他的职责，应该是"构建一个自我进化的、内外兼容的组织动力系统"（见图 9.2）。

管理者要善于从系统的角度，管理好所有的变量，以达到最好的结果。在创建好一个基本成型的组织系统之后，管理者只需确保系统的一致性和动态平衡，减少系统内耗，让系统的能量流动起来就可以。在系统自我进化的过程中，管理者可以随时干涉，也可以置身事外，一切根据系统的需要来决定。就好像任正非时而退隐幕后，时而跳出来讲话，完全是根据华为这个组织系统的需要而定的。

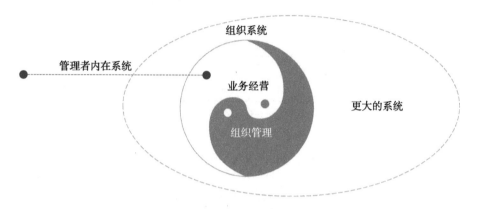

图 9.2　自我进化的、内外兼容的组织动力系统

系统的一致性和动态平衡包括集权和分权的平衡、外部和内部的平衡、文化和考核的平衡等。系统要通过各种平衡，确保"信息流"（信息决策流）和"事儿流"（执行考核流）的流畅性，如图 9.3 所示。

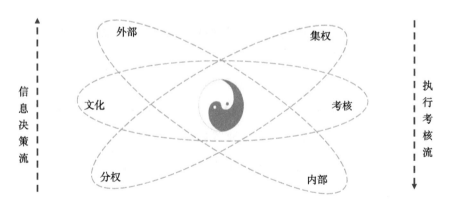

图 9.3　动态平衡的组织系统

根据我的观察，组织系统容易在以下几个方向出现失衡的现象。

第一，在抓住当下的机会和寻求未来的发展之间没有分配好资源。

第二，在内部文化建设和外部品牌形象建设上没有达成一致。

第三，没有决策好在多大程度上进行集权和分权。

第四，没有处理好在多大程度上进行控制或授权。

第五，没有明确是考核个人还是考核集体，没有想好是偏向个人作战还是偏向集体作战。

第六，没有确保考核和文化的一致性。

第七，在组织与员工的关系上，没有协调好要感性还是要理性的比例。

第八，没有想好是用考核驱动员工，还是培养员工的自驱力。

第九，没有分清是更强调业务结果，还是管控做业务的过程。

第四节　管理者必须做好的 3 件事

在组织中，管理者可以全面介入，也可以抓大放小。根据系统思维及我多年的观察，管理者必须做好 3 件事情，才能称得上合格。首先，善于"画大饼"，让目标成为广泛共识；其次，善于定规则，让理性和感性规则同时起作用；最后，善于用人，尤其是能够带来质变的关键人物。

（一）讲好"我是谁"的故事，通过共识凝聚更大的势能

本章开头描述了近几年多个公司发生的一系列事件。这些事件提醒我们，企业一定要拥有感性的凝聚力，来应对随时可能发生的意外事件。用完形心理学的说法，一个组织只有拥有了一个统一、清晰的图像，才能称得上是一个团体。"一个情感淡漠的团体根本不算是一个团体，只是一群个体的聚集——属于场域中的一部分，但根本不是图像。"

完形心理学还认为："假如你对图像不感兴趣，它就会失去焦点，缺乏轮廓和活力，缺少完整的连贯性，你开始想走出去。"这正是企业面临

外部危机时，内部人心惶惶的原因。

讲好"我是谁"的故事，不仅包括当下，还包括未来，不仅包括正在做什么，还包括相信什么。"我是谁"的核心是让工作有意义、有价值，可以凝聚共识，调动团队势能。

一旦企业大到一定程度，每个员工对企业的看法、对工作意义的认知、对企业何去何从的判断会大相径庭。很多企业忽略了"上下齐欲"的重要性，从而导致组织内人心不齐，关键时刻容易脆败。让员工了解"我是谁"，并非总结几句写在墙上的文化标语，而是一种身份的认同、目标和意义的认同，对形成组织统一的"图像"意义重大。

关于"我是谁"，马斯克为他和他所从事的事业讲述了一个逻辑自洽的故事。从他的各种对外发言中可以看出，马斯克相信科技创造未来，人类的未来不仅在于开发新能源，还需要实现星际旅行和火星移民。他还认为人类要多生孩子，否则会导致灭亡。

马斯克的角色认知和行为完美地承接了他的信念，他是一个工程师、一个科技推动者、一位 10 个孩子的父亲。为了实现自己的信念，他除了不断地生孩子，还成立了特斯拉公司、SpaceX 公司，不断推进新能源汽车的发展，同时一步步向实现火星移民迈进。

企业在讲述"我是谁"的故事时，需要分清现状和未来。很多时候，现状是什么并不重要，重要的是我们未来要去哪里。如果目标足够激动人心，就可以带动更大的系统动力。正如马斯克移民火星的目标一样，能够吸引一批优秀的科学家加入，跟他一起奋斗。

（二）善于定规则，让理性和感性规则同时起作用

管理者要制定的规则包括理性规则和感性规则。其中，企业文化和作风是感性规则，明确了团队应该拥有什么样的精神面貌和追求；战略解码是理性规则，明确了团队如何分任务、分成果（在华为称为"分肉"）。

战略解码的两条链路如图 9.4 所示。

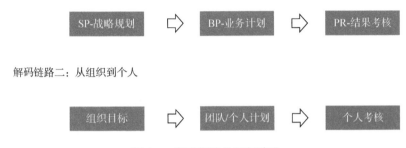

解码链路一：从战略到结果

SP-战略规划 ⇨ BP-业务计划 ⇨ PR-结果考核

解码链路二：从组织到个人

组织目标 ⇨ 团队/个人计划 ⇨ 个人考核

图 9.4　战略解码的两条链路

我通过观察发现，权力规则会直接影响一个组织的文化氛围。换句话说就是，不管一个组织宣称何种文化价值观，这个组织中分工、考核、提拔、淘汰的规则会直接决定它的文化氛围。比如，一个强调内部竞争的企业，就不要再宣扬"团结合作"了；一个强调短期考核和淘汰制度的企业，就一定要注意企业可能并不具有"长期主义"的基因。

（三）善于用人，尤其是能够带来质变的关键人物

从前文我们知道，并非所有的组织都需要关键人物。假如真的需要，这个人一定要是能够给组织带来质变的人，他在组织中能够改变系统的目标或规则。一个优秀的管理者，不仅能够知人善用，还能与关键人物一起，让组织系统发生实质变化。

对于关键人物的作用和意义，前文已经有了充分论述，在此不再赘述。